Métodos Espíritas de Cura
PSIQUISMO E CROMOTERAPIA

EDGARD ARMOND

Métodos Espíritas de Cura
PSIQUISMO E CROMOTERAPIA

Aliança

Copyright © 2004 *Todos os direitos reservados à Editora Aliança.*
1ª edição, 8ª reimpressão, Outubro/2024, do 28º ao 30º milheiro.

Título
Métodos Espíritas de Cura, Psiquismo e Cromoterapia

Autor
Edgard Armond

Revisão
Maria Aparecida do Amaral

Diagramação
Thaís Sandroni Mota

Capa
Elifas Alves e Marina Quicussi

Impressão
Rettec Gráfica e Editora Ltda.

Ficha Catalográfica

Dados Internacionais de Catalogação na Publicação (CIP)
  — Câmara Brasileira do Livro | SP | Brasil —

Armond, Edgard
    Métodos Espíritas de Cura, Psiquismo e Cromoterapia / Edgard Armond.
São Paulo: Editora Aliança, 2012.

    ISBN: 978-85-88483-34-7 / 128 páginas

    1. Cor – Aspectos Psíquicos 2. Espiritismo
    I. Título.

12-00926   CDD-133.9

Índice para catálogo sistemático:

1. Métodos Espíritas de Cura, Psiquismo e Cromoterapia

                                                                                             133.93

Editora Aliança
Rua Major Diogo, 511 - Bela Vista - São Paulo - SP
CEP 01324-001 | Tel.: (11) 2105-2600
www.editoraaliaanca.com.br | editoraalianca.com.br

Sumário

Notas explicativas 9

1ª Parte – MÉTODOS ESPÍRITAS DE CURA

Apresentação 13
I – Ação direta no perispírito 19
    Campo dos fluidos pesados 22
    Campo dos fluidos finos 24
    Campo dos fluidos purificados 25
II – Tratamentos 29
    Preâmbulo 29
    Preliminares 30
    Classificação 32
        Tratamentos comuns 32
        Especializações 34

2ª Parte – PSIQUISMO

Apresentação 53
I – O Encéfalo 55
    A) Encéfalo 55
        1. Cérebro 55
        2. Diencéfalo 58
        3. Tronco Cerebral 59
        4. Cerebelo 59
    B) Medula Espinhal 61
    C) Atuação do Espírito 61

II – O Sistema Nervoso 63
   1. Introdução 63
   2. Estrutura do Sistema Nervoso 65

III – Reencarnação 71
   1. Formação do Feto 73
   2. O Perispírito 75
   3. O Corpo Etéreo 77
   4. A Aura 78

IV – O Encéfalo Espiritual 79
   1. Os Centros de Força do Perispírito 80
   2. A Mente 83
   3. Metabolismo Psíquico 85

3ª Parte – CROMOTERAPIA

Apresentação 89

I – Noções Gerais 91
   1. Conceitos e Definições 91
   2. Aplicação 94
   3. Efeitos 95
   4. Conclusão 95
   5. A Natureza da Luz 97

II – Classificação das Cores 99
   1. Introdução 99
   2. Combinação das Cores 100
   3. Complementação 102

III – Propriedades das Cores 103
   1. Introdução 103
   2. O Branco 103
   3. O Verde 104
   4. O Azul 104
   5. O Cinza 104
   6. O Vermelho 104
   7. O Amarelo 105
   8. Violeta 105
   9. Púrpura 105

IV – As Cores na Aura Humana 107
  1. A Aura 107
  2. Significação das Cores nas Auras 110

V – Efeitos das Cores nas Curas 111
  1. Ação das Cores 111
  2. Efeitos nas Curas 113
  3. Caracterização das Cores 114
  4. Mecanismo da Cromoterapia 115
  5. A Cromoterapia — Aplicações Práticas 116
  6. A Técnica de Aplicação 117

VI – Aplicações Práticas 119
  1. Perturbações Materiais sem Aparelhos 120
  2. Perturbações Espirituais 120
  3. Atendimentos com Projetores Coloridos ... 121
  4. Aplicação Geral 123
  5. Outros Exemplos 124
  6. Considerações Finais 125
  7. Conclusão 126

Notas Explicativas

A Editora Aliança iniciou suas atividades com a publicação das apostilas *Psiquismo* — em junho de 1974 — e *Cromoterapia*, em setembro do mesmo ano.

Esses textos originais foram atualizados com a colaboração de diversos voluntários e em dezembro de 2000, editadas num só livro: *Psiquismo e Cromoterapia*.

Em decorrência de diversas manifestações de dirigentes de estudos e prática dos Passes e da Mediunidade sobre a conveniência do livro *Psiquismo e Cromoterapia* ser, não só enriquecido, como também complementado com o que consta no opúsculo *Curas Espirituais – Métodos Espíritas de Cura*, agora, fazendo parte do livro *Prática Mediúnica* (págs. 33 a 72) a Editora Aliança, com a aquiescência do Conselho Editorial, resolveu dar atendimento a essas solicitações.

Não há dúvida de que o conteúdo daquele opúsculo foi um desbravamento útil nas 'técnicas' da Assistência Espiritual, assunto que tomava vulto naquela época — 1967 — em decorrência do pioneirismo de Edgard Armond à frente da Federação Espírita do Estado de São Paulo — FEESP — desde 1940.

Assim, transcrevemos nesta coletânea parte do conteúdo do citado opúsculo, com pequenas adaptações para adequar ao que é hoje praticado na Aliança Espírita Evangélica.

Na certeza de que a Editora Aliança está contribuindo e facilitando o aperfeiçoamento das aprendizagens mediúnicas, importantes para o Espiritismo no Brasil e no mundo em geral, fica bem claro que os ensinamentos de Edgard Armond, nunca foram fechados ou herméticos, pois o autor recomenda o prosseguimento dos estudos e dos aperfeiçoamentos nas práticas mediúnicas.

Rotina na vivência mediúnica é retardamento da espiritualização da Humanidade. Ontem eram os Profetas que impulsionavam o progresso moral, hoje são os médiuns evangelizados!

É nossa expectativa que esta inclusão tenha boa acolhida entre os alunos e dirigentes dos Cursos de Médiuns da Aliança Espírita Evangélica e entre todos os estudiosos deste importantíssimo assunto.

Para diferenciar das publicações anteriores, esta coletânea recebe o título de *Métodos Espíritas de Cura, Psiquismo e Cromoterapia*.

São Paulo, março de 2004
Editora Aliança

1ª Parte
Métodos Espíritas de Cura

Apresentação

Ao tratar de curas espirituais, não nos referimos às perturbações que se beneficiam dos processos utilizados pela neurologia ou pela psiquiatria, mas sim do setor doutrinário mais direta e profundamente ligado ao caráter do Consolador que o Espiritismo possui e que, nos dias que correm, avulta de significação. Dois fatores relevantes ainda mais acentuam esse caráter: o número sempre crescente de reencarnações de Espíritos retardados que recebem agora, neste final de ciclo evolutivo, uma nova oportunidade de redenção e, por isso mesmo, crescente incidência de perturbações de toda ordem, espirituais e materiais, que torturam sobretudo as camadas mais pobres da população, cujos recursos não lhes permitem assistência adequada.

Tais fatos acarretam à Federação Espírita do Estado de São Paulo — FEESP — a necessidade de uma série de medidas destinadas a oferecer às massas sofredoras do povo o agasalho e o atendimento mais amplos, adequados e eficientes, através de seus departamentos de assistência material, médica, odontológica, farmacêutica, espiritual e intelectual, cujas atividades vêm sendo desdobradas, há vários anos, de forma metódica e progressiva, enquanto que, na parte doutrinária propriamente dita, foram estudados, organizados e aplicados inúmeros trabalhos que vão desde o simples exame espiritual aos mais complexos e delicados atendimentos.

Ressalvadas as limitações que sempre se interpõem, de negatividades individuais mas, sobretudo, de exigências carmáticas, pode-se afirmar serem satisfatórios os resultados obtidos.

Esse setor de curas espirituais foi sempre de grande interesse, uma vez que as perturbações sempre existiram.

A Codificação, a seu tempo, nesse setor, referiu-se a médiuns curadores, a curas pela prece, pela água fluidificada, pelos passes, recursos que dependem em grande parte da cooperação de Espíritos desencarnados e a imprensa espírita daquela época, como a propaganda realizada depois, reiteraram essas referências dedicando-se porém, preferentemente, aos debates sobre os aspectos filosóficos e fenomênicos da Doutrina.

Após Allan Kardec — o Codificador — no período em que a Doutrina lutava por radicar-se, sucederam-se intensos estudos, pesquisas, conclusões, demonstrações, realizados com o concurso de respeitáveis cientistas e investigadores de muitas nações.[1]

Desde então, segundo parece, ressalvadas as experimentações da nossa época, denominadas parapsicologia e trabalhos isolados, mas sempre meritórios como, por exemplo, os realizados pelo abalizado confrade Dr. Ignácio Ferreira, as curas espíritas têm sido entregues às atividades individuais de médiuns, como se tem observado na Europa, onde, na França, principalmente, os médiuns curadores ostentam placas na porta e adotam processos próprios.

---

[1] No texto original (ver Prática Mediúnica, Editora Aliança, pág. 36 a 39) consta um relato histórico de diversos encontros internacionais (de 1888, em Barcelona; 1889, em Paris; 1898, em Londres e 1900, em Paris) que abordaram os assuntos então em evidência. O leitor interessado poderá recorrer ao texto citado.

Em nosso País, fora dessa atividade mediúnica individual, das quais o médium Arigó e alguns outros são exemplos edificantes, via de regra se adotam as recomendações da Codificação: preces, água fluidificada e passes, estes últimos como elementos de alta valia complementar.

Segundo se percebe, o Plano Espiritual ainda não julgou oportuno generalizar as curas, continuando seu ritmo vinculado às leis do Carma e somente de longe em longe, aqui e além, surgem médiuns dotados de possibilidades maiores nesse setor.

É verdade que em toda parte, em nosso País, as curas pelo Espiritismo são constantes e muitas vezes notáveis, porém não ultrapassam os ambientes do trabalho em que se verificam e jamais se sistematizam, predominando sempre, repetimos, as injunções cármicas.

No estrangeiro, onde a prática do Espiritismo é quase desconhecida, e prevalecem sempre os aspectos científicos ou pessoais das manifestações, surgem periodicamente médiuns curadores altamente dotados, que realizam seu trabalho em circunstâncias quase sempre espetaculares.

Até meados do século XX, a Inglaterra se destacou nesta ordem de manifestações, possuindo curadores verdadeiramente excepcionais, como, por exemplo, Henry Edwards, presidente da Federação Nacional de Curadores Espirituais da Grã-Bretanha, e o casal Paterson que, assim como o primeiro, compareceram a auditórios abertos onde realizaram, sem maiores preparações, curas notáveis, dessas tidas como milagres.

Dotados de alta capacidade magnética e, naturalmente, reencarnados com tarefas mediúnicas nesse setor, foram excelentes intermediários e executores dos programas do Plano Espiritual superior para as regiões onde realizaram suas atividades.

É de supor que, com o passar dos dias e o agravamento espiritual da situação do mundo, seja o setor de curas diretas mais movimentado não só porque as necessidades humanas e sua miséria se ampliam cada vez mais, como por que o materialismo cada dia que passa se torna mais agressivo.

Em uma visita que realizou à França, Paterson declarou como condição essencial para a realização de curas o amor e a compaixão para os que sofrem, generosidade e humildade para todos os que desejam se curar e esclarecendo: **não devem os curadores limitar nunca o poder espiritual dentro de suas próprias mentes**, querendo dizer que o médium de cura não deve se recusar ao trabalho, selecionar sofredores, dar preferências e agir com personalismo, que, como se vê, já é regra mediúnica rigorosamente obedecida em nosso País, no apostolado evangélico dos nossos devotados médiuns.

Nessa mesma visita, Paterson declarou que nas Ilhas Britânicas os curadores têm entrada livre e podem exercer suas atividades em mais de 2.500 hospitais existentes no País o que, aliás, não admira, porque a liberalidade inglesa é conhecida e não se trata de País ainda sensível ao fanatismo religioso dogmático como o nosso e outros da América Latina.

Que nos conste, cabe à FEESP, igualmente como na organização de cursos e escolas para desenvolvimento mediúnico, evangelização e aculturamento doutrinário em geral, a primazia de estudos especializados e de aplicação metódica de processos de cura espiritual, numa esquemática progressiva, segundo a natureza dos diferentes casos e a introdução de métodos próprios que se adaptam aos diferentes aspectos individuais.

Não se afirma que o conseguido seja perfeito ou completo (e o que poderá haver com esse caráter?), sendo natural que haja futuras modificações, aperfeiçoamentos e desdobramentos; mas o que existe já oferece resultados satisfatórios, resiste a análises e, mais que tudo, vale como uma primeira e modesta tentativa de regulamentação de assunto de tal natureza e magnitude. Esse conjunto de práticas, a nosso ver, poderá servir de base a novas e mais profundas experimentações, perfeitamente enquadráveis no Espiritismo que, como se sabe, é doutrina francamente evolucionista e progressiva, que incorpora o que vai com o tempo surgindo de verdadeiro e útil, tanto no conhecimento teórico como na prática.

Este campo de curas espirituais não deve, pois, ser assunto polêmico ou de controvérsia, pelo menos por enquanto, mas de estudo e experimentação: 1º) porque os Espíritos desencarnados utilizam-se dos médiuns curadores segundo as conveniências e **os programas** do Plano Espiritual; e 2º) porque, não havendo a Codificação ou os Congressos Espíritas legislado a respeito ou estabelecido **métodos ou sistemas,** respeitada, como é natural, a legislação de cada País, cabe certa liberdade de ação aos estudiosos e médiuns curadores em geral, que é, aliás, o que vem sucedendo.

Dentro dessa liberdade natural é lícito, portanto, estudar, experimentar e aplicar processos, que se justificam não só pelos seus resultados como e principalmente pelos benefícios que conferem à multidão, cada vez mais numerosa de doentes, perturbados, desvalidos, aflitos e infelizes de toda a espécie que procuram as Casas Espíritas.

I
Ação Direta no Perispírito

As curas espirituais incluem não só as doenças propriamente ditas "espirituais" como, também, as que tendo, de início, uma origem espiritual, evoluíram a ponto de atingir o corpo orgânico; são pois, doenças orgânicas **de fundo espiritual.**

Os processos espirituais utilizados nessas curas não visam, portanto, moléstias orgânicas comuns, de origem, evolução e tratamento material, que competem à medicina acadêmica.

Na antiguidade, estes dois campos estavam fundidos num só, no sincretismo religião-ciência do sacerdócio oficializado; porém, com os avanços da Ciência, desligaram-se; hoje coexistem e são, mesmo, complementares, a ciência acadêmica já admitindo o setor espiritual, e é quase certo que, em futuro próximo, voltarão estes dois setores a se fundir num só, com as limitações naturais e não mais por causa da ignorância geral, como antigamente, mas pela evolução do conhecimento.

Na medicina oficial, em que dominam os processos científicos, é incontestável o progresso conseguido na cirurgia como na terapêutica de drogas, havendo ainda, entretanto, retardamento considerável na aplicação de agentes naturais de cura, a saber: o frio, o calor, a eletricidade, os atos mecânicos, os fluidos magnéticos, os raios cósmicos etc., porém, é de crer que agora, com as conquistas e a utilização da energia nuclear, grandes avanços serão logo realizados. Neste campo, entre outros agentes, convém destacar como exemplo os raios laser, emitidos por cristais de rubi, cujas moléculas, convenientemente excitadas, produzem mudanças de órbitas dos elétrons dos diferentes metais, os quais, ao voltarem às suas órbitas próprias, emitem raios roxos, da gama ultravioleta, denominados **laser**, animados de alta potência vibratória. Estes raios estão sendo utilizados na eletrônica para a transmissão de sinais e da palavra humana, diretamente, a grandes distâncias. Os técnicos espirituais que realizam trabalhos de cura, dos quais participamos como meros cooperadores encarnados, empregam inúmeros raios de diferentes cores e potencialidades vibratórias, antecipando a generalização de um conhecimento de alto benefício para a humanidade encarnada.

Nas curas, quando o problema a tratar ultrapassa os limites materiais, forçosamente cai no campo espiritual, verificando-se então que as possibilidades de êxito científico se restringem enormemente, porque outros elementos entram em conta, não constantes dos catálogos oficiais; os fatores das curas, nestes casos, passam a ser exclusivamente espirituais e aplicados por Espíritos desencarnados; mesmo nos casos de curas pela fé, em que o psiquismo individual, por efeito de trauma, hiperestesia, ou galvanização por uma ideia, desejo ou sentimento, produz no organismo doente uma transformação fisiológica, tida como milagrosa, mesmo assim o fenômeno ocorre no campo espiritual, no perispírito, e os efeitos são, em seguida, projetados no corpo material orgânico.

Neste campo espiritual situam-se também as curas magnéticas comuns, feitas ou não por profissionais e os efeitos hipnóticos; ambos operam-se no perispírito e somente em um **segundo movimento** manifestam-se no corpo orgânico.

Outro ponto a considerar: as curas materiais oficiais se padronizam com base nos avanços científicos e se atêm a conceitos de formulação intelectual, fundados na razão e na inteligência, quando aplicados à pesquisa e à experimentação; o mesmo porém, não ocorre com as curas espirituais, que se regulam por princípios, regras, leis do mundo espiritual como, por exemplo, as de **causa e efeito** — "Carma": resgates, provações redentoras, compromissos encarnativos, etc.; por outro lado, enquanto as curas materiais se operam e produzem seus efeitos sem a menor preocupação, como é natural, de vínculos e ações passadas que geram efeitos futuros, concernentes à alma, estes fatores estão sempre presentes, preponderam na realização das curas espirituais e influem grandemente para o êxito ou fracasso dos tratamentos.

E ainda mais: se os processos científicos se padronizam formando escolas, métodos, sistemas que a experiência oficializa, o mesmo não sucede com as curas espirituais, cujos processos variam segundo os praticantes, as religiões, os costumes, a civilização e as leis de cada povo ou nação, muito embora os princípios ocultos que os regem sejam únicos e invariáveis na sua essência; e isso ocorre justamente pelo fato de esses princípios serem ainda, em grande parte, desconhecidos.

As curas espirituais ocorrem em três campos distintos que devem ser, desde o início, considerados, a saber:

a) o dos fluidos pesados, de baixo teor vibratório;

b) o dos fluidos finos, de uso mais corrente;

c) o dos fluidos purificados, de alto **teor dinâmico** e **potencial.**

Campo dos fluidos pesados

Nos mundos inferiores, naturalmente que este campo é o mais amplo e movimentado, como sucede em nosso orbe habitado, em maioria, por seres ainda retardados espiritualmente e que, por isso mesmo, enfrentam nestes tempos uma alternativa sombria de selecionamento, para descarte e saneamento planetário.

O ser humano retardado possui um metabolismo espiritual de baixa condição: perispírito denso, escurecido por condensados fluídicos altamente negativos; atividade mental restrita e rudimentar, com grande margem para a produção inconsciente e instintiva; corpo etéreo espesso, com predominância de gamas de coloração animal inferior (cinza, vermelho-escuro etc.); chacras quase sem refulgência, com atividade reduzida no coronário e no cardíaco, que são ligações diretas com o Plano Espiritual superior.

Cada organismo vivo produz e revela o que lhe é próprio e característico; é bem de ver, portanto, que nas condições já citadas, só pode produzir e revelar fluidos inferiores, vibrações baixas, elementos nada favoráveis a si mesmos e aos seus semelhantes.

As emissões desses organismos são concordantes com suas condições íntimas e, quando transferidas a outros, por afinidade espontânea ou deliberada, produzirão efeitos também correspondentes, a saber: pesados, violentos, angustiosos, opressivos, constringentes e suas vibrações íntimas, da mesma forma, serão de baixo teor e qualidade. Essa é a regra.

No campo das curas, entretanto, inúmeras são as que se processam com esses fluidos pesados, malsãos, porque os afins se atraem e se completam e também porque, no mundo espiritual, tudo é equilibrado e regulado por leis sábias e justas, que estabelecem o regime dessas afinidades, boas ou más, como fatores de equilíbrio. Entre seres de condição inferior, as permutas recíprocas e normais, como é natural, são de fluidos e vibrações inferiores, conquanto os resultados delas concorram também à manutenção da vida e da harmonia funcional nas esferas onde esses seres inferiores vivem. Repetimos: nas esferas inferiores as permutas de elementos de cura, visando a regularização funcional de seus corpos orgânicos são, naturalmente, de condição inferior, as únicas, aliás, que poderiam ser ali utilizadas.

Esta é a razão pela qual, nos trabalhos de ordem inferior, terreiros em geral, núcleos primitivos de candomblé, vudu, macumbas, etc., ocorrem curas que não poderiam ser obtidas normalmente em ambientes outros, mais elevados, onde imperam outras condições de vida e outra mentalidade.

Nesses meios inferiores, onde o conhecimento das leis espirituais é muito restrito, são normais os forçamentos, as interferências indevidas, a violentação delas (nos pontos acessíveis a esses agentes), criando, como é natural, efeitos fictícios, enganosos, passageiros, como ocorre também com a mediunidade, cujo desenvolvimento é comumente forçado e, por isso, muitas vezes ilusório.

As moléstias são, nos mundos baixos como o nosso, um dos recursos mais poderosos para se obter as modificações psíquicas necessárias ao progresso espiritual dos seres vivos. Neste nosso mundo, raríssimos escapam a esta lei. Quando o sino toca, chamando para o testemunho, nada há que impeça o seu cumprimento. Aliás, basta olhar para ver: o sofrimento impera por toda parte e se há alguns, como os há, que gozam de saúde, com organismos cheios de vida, eufóricos de sua força, é que para estes o sino ainda não tocou, mas tocará no devido tempo, quando então a situação voltará a ser sempre a mesma para todos.

Campo dos fluidos finos

Emitidos por entidades de maior evolução, já libertadas das reencarnações nos planos baixos. Esses agentes revelam maior atividade mental consciente e início da superconsciente; perispírito em colorações positivas (amarelo, rosa, azul, verde).

As emissões desses agentes são benéficas: fluidos calmantes, confortantes, curadores; vibrações poderosas, dinâmicas, vitalizadoras, com ação ampliada em várias esferas e plena liberdade de penetração nas esferas inferiores, porque os fluidos finos penetram facilmente nos ambientes baixos, produzindo alterações benéficas nos corpos orgânicos, conquanto atuem rigorosamente dentro das limitações cármicas.

A maior parte das curas que se dão em nossos meios são desse campo e muito concorrem para a divulgação das verdades evangélicas nas massas populares; são as que o Espiritismo promove na sua qualidade de Consolador prometido por Jesus.

Ante o desfile sempre crescente de seres sofredores e, em contato com suas dores e desabafos, fácil é verificar que todos aspiram à alegria, saúde, paz, conforto, sucesso, dinheiro, sem compreender que tudo quanto lhes sucede, de diferente do que desejam, não é infelicidade, desgraça, mas, ao contrário, benefício e libertação espiritual, porque quase sempre é ressarcimento de dívidas do pretérito culposo. Como disse um inspirado mentor: "Deus neste mundo não oferece aos homens felicidade, mas sacrifícios, sofrimentos. Veja-se o que sucedeu com o próprio Divino Mestre".

Se este mundo não é local próprio da felicidade, alegria e conforto que todos almejam; se aqui nós estamos, não para tais gozos, mas justamente para o oposto, isto é, para sofrer, purgar-se, desbastar, lapidar a alma, como ainda manter ilusões? Como o planeta poderá dar benefícios que não lhe competem, nem tampouco, por outro lado, merecemos receber?

A falta de conhecimentos espirituais é que leva o homem a estas falaciosas esperanças.

Campo dos fluidos purificados

Esses fluidos são próprios de Espíritos superiores e de ocorrência muito mais restrita; somente em circunstâncias especiais, para testemunhação de verdades, ou motivos outros, de inteiro critério dos agentes de hierarquia maior, é que ocorrem e por isso mesmo se colorem de aspectos sobrenaturais, ganhando repercussão e notoriedade.

Esses fluidos não encontram resistência na matéria densa e produzem nela as alterações anatômicas ou fisiológicas que forem necessárias, ainda mesmo havendo impedimentos cármicos que, em alguns casos, mesmo não arredando ou infringindo a lei, podem ser efetivados.

Jesus operou curas desta espécie, e outros missionários que habitaram a Terra em diferentes épocas também o fizeram. Elas independem de intermediários humanos, porque as entidades superiores têm, em si mesmas, poderes suficientes e ampla liberdade para agir como for mais conveniente.

O Espiritismo, para atendimento do povo sofredor, age aplicando processos que lhe são próprios, através de médiuns dotados de faculdades curadoras: capacidade espontânea de doação de fluidos magnéticos e de ectoplasma; teor vibratório suficientemente alto para produzir efeitos benéficos nos organismos doentes.

Nestas curas, os médiuns agem individualmente (quando amplamente capazes) e em grupos, formando correntes cujos membros, mesmo não sendo propriamente médiuns de efeitos físicos, podem oferecer aos Espíritos que agem no Plano Espiritual os elementos de que carecem para as realizações que têm em vista.

O conceito normal para a realização de fenômenos físicos sempre tem sido a presença de médiuns de efeitos físicos, que são os que fornecem os elementos para sua produção, e isto é plenamente certo. Mas no espiritismo religioso, em que a produção de fenômenos não é assunto de maior interesse, a utilização dos médiuns dessa espécie é de grande valor nas curas, nas quais se incluem as operações mediúnicas.

Como os médiuns dessa espécie rareiam, e o atendimento dos necessitados não pode sofrer interrupção, há vários anos vimos tentando substituir o médium de efeitos físicos, no seu trabalho individual, pelas **correntes de cura**; ao invés de um amplo fornecimento de ectoplasma feito por um só médium, opomos a soma de pequenos fornecimentos feitos por vários médiuns.

Os trabalhos denominados "Pasteur", criados para isso na FEESP, são uma aplicação do processo e os resultados têm sido bons, conquanto devam ainda sofrer aperfeiçoamentos.

Nas curas, é indispensável que os membros da corrente tenham noção clara e segura do processo, mediante o qual devam cooperar doando fluidos, ectoplasma ou vibrações, em presença ou a distância.

Devem saber que há uma energia universal que tudo interpenetra: o ar que respiramos, os alimentos que ingerimos, os líquidos que bebemos e que, quando essa energia é absorvida normalmente pelos chacras e outros setores do organismo, o indivíduo permanece forte, vitalizado.

Essa energia, nos organismos vivos, se transforma no magnetismo animal, fluido que circula através das células dos tecidos, tanto no organismo denso como no perispiritual;

é a energia que mantém ativas as redes nervosa e sanguínea, conserva acesa a chama dinâmica dos chacras e que, quando se torna insuficiente, eles se mostram esvaziados, bruxuleantes, não suprem os plexos nervosos, disso advindo enfraquecimento geral, moléstias e morte. Essa energia toma também a forma de ectoplasma quando fica mais condensada e animada de uma vitalidade mais intrínseca, vinda das células nervosas.

Nas curas, essa energia é que deve ser transmitida aos doentes ao mesmo tempo em que, do Plano Espiritual, os servidores desencarnados também operam com os elementos que lhes estão ao dispor, convindo também considerar que o desejo de ajudar, de servir, de atenuar o sofrimento alheio, o sentimento de amor ao próximo, também representam alto teor energético que influi, aumentando os resultados do tratamento.

Os médiuns das correntes de cura, além de conhecedores dos processos a empregar em cada caso, devem ser tecnicamente capazes, senhores de suas possibilidades e aptos a emitir vibrações de amor e de bondade para os doentes que devem atender.

A transmissão de fluidos curadores e vibrações dependem muito da preparação da corrente e da capacidade mental do médium, pois que a mente é que canaliza os recursos mediúnicos para o alvo, isto é, projeta sobre ele as energias curadoras. Quando o médium age passivamente, ignora os meios para tornar sua cooperação proveitosa, os operadores desencarnados se vêem na contingência de extrair dele as energias necessárias, combiná-las e conduzi-las, eles mesmos, até o necessitado, que é, aliás, o que ocorre na maioria dos casos.

Assim, pois, a educação da mente, as explicações prévias do dirigente sobre a natureza do trabalho a realizar, o que cada médium deve fazer, e o desejo de servir são condições indispensáveis ao bom êxito dos tratamentos espirituais, seja qual for o caso a resolver.

Os processos, entretanto, variam segundo se trate de perturbação orgânica ou espiritual, como já dissemos, as primeiras simplesmente de caráter material e as últimas já incidentes sobre o organismo, porém, de fundo espiritual, a saber: ação direta de Espíritos encarnados ou desencarnados, ou absorções deletérias por afinidades psíquicas ou vibratórias.

Nas primeiras, os fluidos da corrente agem eliminando do perispírito do doente os **motivos** das perturbações para depois, como consequência automática, sanear-se o corpo orgânico; nas perturbações nitidamente espirituais, além desse efeito no perispírito do doente a ação da corrente visa os **agentes das perturbações** (sofredores, obsessores, vampiros, etc.), seja utilizando o processo clássico das doutrinações, nem sempre aplicáveis, seja pelos processos novos e especializados que temos aqui aconselhado, a saber: vibrações diretas sobre os obsessores, envolvimento com fluidos de amor e de bondade, seguido de poucas palavras de esclarecimento, sem as longas tiradas doutrinárias que, no mais das vezes, não surtem os efeitos desejados, por falta de adequabilidade ou de capacidade do doutrinador para penetrar no verdadeiro motivo, nas causas verdadeiras da perturbação.

Entretanto, seja qual for a situação particular, verificando-se que se trata de perturbação cármica (orgânicas ou espirituais, não importa), nenhum tratamento dará resultado definitivo, porque a lei deve ser cumprida rigorosamente, a não ser que haja interferência de autoridade espiritual competente, responsável por solução diferente.

II
Tratamentos

Preâmbulo

A medicina oficial limita suas atividades ao **campo físico, objetivo e material**, e, materialistas são os fundamentos científicos de suas concepções.

A psicologia experimental, da mesma forma, não foge a esta condição, pois age visando os fenômenos neurocerebrais, próprios do mesmo campo; e a ponta de lança mais avançada da pesquisa — a moderna parapsicologia — ainda aí se contém nos seus três setores: o parapsíquico, o parafísico e o parabiológico, com base no fator PSI, tido como fenômeno puramente mental e a mente como um simples dinamismo cerebral.

Mas os estudos e tratamentos que aqui sugerimos se referem ao **campo da vida espiritual** do ser humano não-admitido pela ciência positiva e vibratoriamente situado **além do campo físico**. Conquanto, no fundo, os dois campos — material e espiritual — se integrem na mesma unidade dinâmica (e as últimas conquistas científicas provam isso), todavia, considerando-se sua origem, constituição e finalidades, o corpo espiritual supera, antecede e independe do corpo físico.

Por isso são também diferentes e independentes as condições e aspectos dos respectivos metabolismos, como ainda os agentes determinantes dos fenômenos que lhes são próprios e, pelas mesmas razões, diferentes as concepções, regras e métodos empregados para o entendimento, a interpretação e as interferências nos fenômenos que se passam nos dois campos.

Preliminares

Até há pouco mais de uma década, obra alguma existia, método ou sistema, para a realização prática de tratamentos espirituais; tudo era feito segundo arbítrio individual de uns e de outros, encarnados ou desencarnados, variando, portanto, de muitas maneiras. Somente a partir de 1950, por necessidade oriunda da crescente afluência de necessitados, organizamos na FEESP, trabalhos apropriados, propondo métodos e processos adequados que, após longa e custosa experimentação e comprovação de resultados, publicamos em obras especializadas como: *Passes e Radiações, Trabalhos Práticos de Espiritismo, Desenvolvimento Mediúnico Prático* e outras.[2]

A partir de então, a prática nos tem demonstrado serem sempre fiéis esses resultados, desde que aplicados judiciosamente, convindo, porém, fazer desde logo, as seguintes advertências:

1) Quando se trata de perturbações de **fundo espiritual** como sejam: auto-influenciações por absorção de fluidos afins negativos, de pessoas e de ambientes; influenciações ligeiras (1º grau) por **encostos** de Espíritos estranhos ou familiares; influências mais intensas (2º grau), como **obsessões comuns,** inclusive as de **fundo mediúnico**; **obsessões avançadas**, com fixações mentais, depressões, dominações, vampirismos, ou, ainda, **influenciações deliberadas** por ação de agentes das trevas, por vinganças, cobrança de dívidas cármicas e outros motivos; então, o índice de recuperações individuais é amplo e bastante alta a porcentagem de êxitos no tratamento.

2) Em se tratando, porém, de doenças materiais orgânicas, espontâneas ou provocadas por agentes espirituais,

---

[2] Os três livros citados pelo autor são publicados pela Editora Aliança, o segundo está incluso na coletânea Prática Mediúnica e o último está disponível com o título de Desenvolvimento Mediúnico. (Nota da Editora)

os resultados são muito relativos, ou mesmo precários, porque as moléstias e perturbações, mormente sendo crônicas ou graves, são sempre destinados à purificação de Espíritos em prova, advertências e chamamentos ou, ainda, medidas drásticas de contenção ou despertamento, para Espíritos retardados ou recalcitrantes.

3) As influências cármicas, para resgates, são sempre impedimentos sérios aos tratamentos em geral, feitos ou não por processos espirituais; e nestes casos os resultados se reduzem a simples atenuações de sofrimento, por períodos mais ou menos prolongados, mais que tudo significando conforto moral, consolação, estímulos e convites à evangelização própria.

4) O conhecimento da vida espiritual, o esforço de evangelização com a reforma íntima e a decisão do interessado de tomar caminhos retos e justos, influem, grandemente nos resultados.

5) Neste volume tratamos de curas realizadas nas matrizes do perispírito e que somente depois se reproduzem no corpo denso.

Para estas curas não dependemos de médiuns especiais de **efeitos físicos**, isto é, médiuns que trouxeram essa mediunidade como tarefa para a propaganda doutrinária através da produção dos fenômenos característicos do Espiritismo.

Nestas curas perispirituais, desde que a quantidade de ectoplasma necessária seja obtida pelos médiuns comuns, formadores da corrente, os Espíritos operadores, da mesma forma, poderão agir no seu plano, produzindo as alterações necessárias ao restabelecimento do equilíbrio orgânico dos doentes.

CLASSIFICAÇÃO

Feitas estas advertências e para facilitar esta exposição, dividimos os tratamentos em duas espécies:

I — Tratamentos comuns — diretos (próprios do campo místico).

II — Especializações, com correntes magnéticas (próprias do campo científico).

I
Tratamentos Comuns — Diretos

São os realizados diretamente pelos **agentes espirituais**, com ou sem intermediários humanos. Podem ser feitos indistintamente em reuniões de Centros e Agrupamentos Espíritas, particulares ou domésticos, sem maiores dificuldades, obedecendo mais ou menos o seguinte esquema:

1º) Preparação de ambiente, com leitura adequada e outros meios.

2º) Prece de abertura.

3º) Preleção ligeira sobre temas doutrinários e evangélicos.

4º) Concentração especial para recebimento do tratamento.

5º) Palavra do Instrutor Espiritual.

6º) Prece de encerramento.

Nestas sessões, à hora da concentração especial, os agentes espirituais projetam sobre os assistentes fluidos magnéticos e outras energias curadoras, cada um recebendo segundo suas necessidades, já previamente determinadas.

São poucas as exigências para assegurar o bom êxito do trabalho, bastando recomendar aos frequentadores o seguinte:

a) no dia programado comer moderadamente, evitar bebidas alcoólicas, fugir a discussões, mesmo amistosas, a rixas e altercações, explosões de raiva, ciúmes e quaisquer outros sentimentos inferiores, que baixem a tonalidade vibratória individual, tanto nos locais de trabalho como nos lares; b) comparecer em atitude respeitosa e sincera, com a disposição de se esclarecer espiritualmente, melhorar seus sentimentos e cooperar para o bem dos seus semelhantes.

Observações:

1) Sempre que possível, e antes do início da sessão, é aconselhável a aplicação de **passes de limpeza** a assistentes e cooperadores, para que não penetrem no recinto carregados de maus fluidos ou acompanhados de Espíritos perturbadores.

2) Quando a assistência for numerosa e tal providência não possa ser dada por qualquer circunstância, inclusive falta de médiuns, logo no início da preparação do ambiente o dirigente deve fazer um **passe coletivo**[3], prosseguindo em seguida com os demais procedimentos atrás enumerados.

3) Como visamos unicamente tratamentos espirituais, não nos referimos aqui às sessões mistas, tão comuns, em que se fazem muitas coisas ao mesmo tempo, como por exemplo: leitura, preces, passes, doutrinação de sofredores, preleções, desenvolvimento mediúnico, etc. e que não obedecem a regras ou sistemas determinados, variando amplamente, segundo os pontos de vista, hábitos e conhecimentos dos dirigentes encarnados ou desencarnados.

---

[3] Passes e Radiações, do mesmo autor, cap. 21, Editora Aliança.

II
Especializações — Correntes Magnéticas

Para Casas Espíritas de maior movimento, que desejam organizar os trabalhos com mais segurança e proveito, recomendamos o seguinte sistema:

1) **Exame espiritual**, sistemático e prévio, de todos os interessados; para esse exame, selecionar um grupo de médiuns (videntes e de incorporação) preparados com antecedência; antes da sessão e em dias especialmente marcados, receber os interessados, preencher para cada um deles uma papeleta, na qual se anotam os dados individuais de maior interesse, sobretudo, os referentes a moléstias, perturbações espirituais e tratamentos anteriores; levá-los um a um perante o grupo de médiuns, já devidamente reunidos, onde serão examinados pelos Agentes Espirituais e os resultados transmitidos pelos médiuns ao dirigente, que os anotará na papeleta, determinando qual o trabalho doutrinário ou o tratamento que o interessado deverá frequentar.

2) Durante esse exame, nenhuma palavra é necessária, pergunta ou declaração, recebendo o interessado, fora do recinto do exame, um cartão especial para ingresso no trabalho aconselhado.

3) Esse exame espiritual e o tratamento indicado não devem ser motivo de interrupção de tratamento médico a que o interessado porventura esteja submetido ou deseje prosseguir.

4) O exame, em forma mais ampla, poderá também, nas Casas Espíritas, concorrer à distribuição dos frequentadores nos diversos trabalhos doutrinários, além destes a que estamos nos referindo.

❖

Métodos Espíritas de Cura

Progressão

Os trabalhos devem obedecer à seguinte progressão segundo a natureza dos casos:

A — Perturbações materiais — Fundo espiritual
a) **Ligeiras**: trabalhos comuns; atendimento direto pelo plano espiritual.
b) **Graves**: especializações, com correntes magnéticas.

B — Perturbações espirituais
a) **Ligeiras**: trabalhos comuns; atendimento direto pelo plano espiritual
b) **Avançadas**: especializações, com corrente magnéticas

Convenções

Para as especializações, sobretudo, devem ser adotadas convenções que facilitem a movimentação das atividades. Para exemplificar vamos supor as convenções seguintes: TC para trabalhos comuns[4]; P1 — P2 — P3 e P4[5], significando a natureza do tratamento a fazer. Assim, P1 quer dizer "tratamento de perturbações materiais"[6], não-eliminadas com os tratamentos anteriores; P2 idem, idem, tratamentos

---

[4] Atividade que não consta do Programa da Aliança Espírita Evangélica. (Nota da Editora)

[5] No texto original as convenções eram: G1, G2, G3 e G4, posteriormente passaram a denominar-se P de Pasteur, para homenagear um dos mentores que orientaram a implantação deste trabalho na FEESP. (Nota da Editora)

[6] Fundo Espiritual. (Nota do autor)

espirituais; P3 idem, idem, materiais ou espirituais avançados, exigindo, respectivamente, intervenções mediúnicas ou doutrinação de Espíritos e outras providências mais de fundo; esta última convenção, P3, pode ser desdobrada, a seu turno, em P3-A, P3-B ou P3-C, etc., para atender a outras modalidades ou circunstâncias como, por exemplo: para homens, para mulheres, diurno, noturno, etc.

ESQUEMA

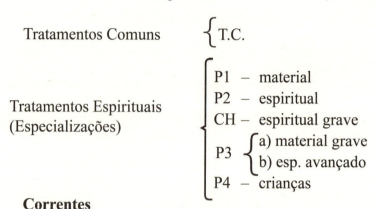

Correntes

1) Em todas estas especializações os tratamentos são feitos com base em correntes magnéticas, que se organizam com um mínimo de 4 médiuns, previamente selecionados e cuja capacidade de **doação de fluidos e ectoplasma** tenha sido previamente determinada, por processo direto experimental ou, no mínimo, por consulta aos mentores espirituais. Para formar a corrente os médiuns dão-se as mãos e o interessado é colocado no centro, sendo o tratamento realizado segundo o resultado e as recomendações do exame espiritual a que nos referimos. Os médiuns vertem na corrente os **fluidos próprios** e as energias curadoras que lhes sejam solicitadas no ato pelos dirigentes.

2) Quando há número suficiente de médiuns ou quando há mais de um grupo deles, o dirigente fica de fora e dirige a todos e, em caso contrário, toma parte na formação da corrente. O interessado recebe os fluidos da corrente e mais os fluidos e energias oriundos do plano espiritual, projetados pelos seus agentes, que são, aliás, os verdadeiros executores do trabalho.

3) A mente dos operadores influi grandemente na eficácia do tratamento, seja vibrando diretamente, ou seja, aumentando ou diminuindo o fluxo e a circulação dos elementos da corrente ou, ainda, nela introduzindo os elementos ocasionais solicitados pelos dirigentes como: calmantes, estimulantes, revitalizadores do metabolismo perispiritual, renovadores celulares, etc.

4) Nas intervenções mediúnicas o ectoplasma é sempre o elemento essencial e os médiuns devem ser treinados para fornecê-lo em quantidade suficiente.

5) Para todos estes atendimentos os passes são poderosos elementos auxiliares e devem ser aplicados, no início do tratamento como **limpeza** e depois como **complementação** no período de **consolidação** do tratamento.

6) Como regra, os atendimentos devem ser feitos no mínimo uma vez por semana e os passes em dias alternados, nos intervalos.

Prosseguindo vamos agora descrever os trabalhos segundo as convenções adotadas.

P1 - Material[7]

---

[7] Fundo espiritual.

Passe de limpeza.[8]

Colocar o interessado no centro da corrente: um dos médiuns faz sobre ele uma aplicação magnética em três tempos, como segue:

1º tempo — Mão esquerda sobre a cabeça e mão direita descendo pela coluna vertebral até a base.

2º tempo — A mão direita sobe para o bulbo (nuca) e a esquerda desce pela frente até o plexo solar (estômago).

3º tempo — A mão direita volta a descer até o sacro, enquanto a esquerda desce para o baixo ventre.

Um minuto para cada tempo.

Estas três posições conseguem bloquear os sistemas nervosos central e vegetativo, exercendo ação segura sobre todo o organismo perispiritual, permitindo ao mesmo tempo que o interessado receba amplamente, além dos fluidos da corrente de base, outras energias (fluidos e vibrações) diretamente do plano espiritual.

P2 — Espiritual

Passe de limpeza.

Corrente de base com o interessado colocado no centro. As mesmas aplicações magnéticas em três tempos e vibrações diretas dos médiuns **para os Espíritos perturbadores**. No primeiro caso (P1) os agentes espirituais agem sobre o **perispírito do interessado**, enquanto que neste último (P2) ambas as equipes agem **sobre os perturbadores** diretamente: esta a diferença.

---

[8] Atualmente, na Aliança Espírita Evangélica, o assistido recebe este passe ao adentrar na Casa Espírita, de acordo com o cap. 17 de Passes e Radiações. (Nota da Editora)

Choque Anímico (CH)[9]

Para os casos em que o tratamento anterior, de P2, não tenha dado os resultados esperados, porque se tornava também necessário agir mais diretamente sobre a **mente do obsessor**, aconselhamos este trabalho de "**choque**", que consiste em formar uma corrente de 4 a 5 médiuns, um deles servindo de **transmissor**, que aplicará sobre a cabeça do interessado, durante a duração do tratamento (um a dois minutos), a mão direita espalmada, enquanto os demais médiuns da corrente projetam fortes e contínuas ondulações vibratórias para o cérebro espiritual do obsessor, visando atingir sua mente.

A vibração deve ser de amor, paz, bondade e intensamente colorida, nas cores que correspondam à natureza do caso[10] para que penetrem profundamente no organismo psíquico do obsessor, ao mesmo tempo que os fluidos transmitidos pela corrente o saturam de sensações semelhantes, produzindo alterações benéficas e predispondo-o a modificar seus sentimentos, pensamentos e atos.

Com esta aplicação quase sempre se consegue, quando não o desligamento propriamente dito, pelo menos a atenuação das influências perniciosas porventura já radicadas no organismo do necessitado.

Este processo, além do mais, oferece um poderoso elemento de substituição para a doutrinação de sofredores em geral, quando esta, por qualquer circunstância, não possa ser feita com a necessária eficiência.

---

[9] Passes e Radiações, já citado.

[10] Estudo à parte do setor da Cromoterapia.

P3-A — Material grave — P3-B Espiritual avançado
Espiritual avançado

Passe de limpeza. Mesma disposição da corrente e da colocação do interessado. Passes em rodízio pelos formadores da corrente, um dos quais funcionará como **transmissor**, também em rodízio. Sendo caso material (P3-A), fazer a aplicação magnética dos **três tempos** e depois um dos médiuns, tomando nas suas as mãos do interessado, durante o tempo do tratamento, transmite os fluidos da corrente, enquanto seus vizinhos dos lados mantêm o contato colocando as mãos sobre as costas ou os braços do transmissor. Durante o tratamento atender as instruções dos operadores do plano espiritual que, pelos médiuns videntes ou de incorporação, intervêm segundo as necessidades do momento, inclusive exigindo da corrente os elementos ocasionais já citados.

Nos casos espirituais (P3B, C, etc.) proceder da mesma forma, e havendo necessidade de doutrinação direta, esta será feita pelo dirigente encarnado, mas de forma concisa, utilizando amplamente o recurso das vibrações e projeções de fluidos coloridos sobre os Espíritos perturbadores.

Terminado o trabalho, como complementação, fazer ao interessado uma doação de energias revitalizadoras através do mesmo transmissor da corrente.

O P3-A — material — é o mesmo grupo a ser utilizado nos casos especiais mais graves, para as intervenções mediúnicas mais demoradas, com os interessados acomodados em poltronas ou leitos, fora da corrente ou em cômodos anexos, dando-se assim tempo suficiente para que os agentes espirituais façam as aplicações ou as intervenções que forem necessárias.

Regras

Para estes atendimentos em geral algumas regras devem ser obedecidas, como segue:

1) Somente devem ser mandados às especializações P3-A, P3-B e a outras os casos que não hajam obtido resultados nos trabalhos comuns ou nas especializações P1, P2 ou no CH, porque os do Grupo 3 são trabalhos que sempre exigem tempo, às vezes demorado, para o atendimento, por causa das doutrinações ou das intervenções, razão também pela qual só poderão atender a limitado número de necessitados.

2) Nas especializações P1, P2 e CH o número de atendimentos suficiente pode ser normalmente oito vezes, e nas do Grupo 3 quatro vezes.

3) Não esquecer que não depende de frequência mais demorada o bom resultado do tratamento, porque esse resultado também depende da cooperação do interessado, de sua capacidade de assimilação do tratamento, do seu desejo de se esclarecer espiritualmente e, ainda, das circunstâncias cármicas a que já nos referimos atrás.

4) Após os comparecimentos prescritos, convém consultar o plano espiritual para **alta** ou prosseguimento, no mesmo ou em outro qualquer trabalho, para remate ou consolidação, salvo os casos de **mediunidade-tarefa**, quando, então, ainda será essencial e imprescindível o desenvolvimento mediúnico em cursos ou escolas apropriadas.

5) Nos exames espirituais, ter em vista que os casos de **mediunidade-tarefa** se denunciam quando se apresentam acesas, luminosas, as glândulas cerebrais (hipófise e epífise); quando se apresentam como simples bruxuleios, isso significa unicamente **fundo mediúnico — sensibilidade mediúnica** quase sempre explorada tendenciosamente pelos agentes do mal ou por Espíritos ignorantes, que querem se utilizar dos veículos mediúnicos **forçando** um desenvolvimento precário. Nestes casos não devem os interessados se preocupar com desenvolvimento, mas sim, com tratamento, justamente

porque não há nada a desenvolver, mas apenas a tratar e, se desprezando o aviso, tentarem fazê-lo, não terão êxito, como ocorre em milhares de casos de desenvolvimentos ilusórios, dos quais somente restam decepções e aumento de perturbações espirituais.

6) Ter em vista nos exames que quando a área mediúnica cerebral se apresenta obscurecida e nada pode ser observado, deve-se mandar o interessado a tratamento prévio e depois repetir o exame quando, então, afastados os impedimentos e, em havendo realmente **mediunidade-tarefa**, as glândulas a revelarão com sua luminosidade característica.

7) Estes esquemas de especializações, nos centros e agrupamentos, devem ser estudados e adaptados segundo as possibilidades e circunstâncias de local, frequência, cooperação humana, finalidades da instituição etc., não representando, portanto, um sistema rígido, inalterável, mas sim flexível e passível de modificações quase sempre necessárias.

8) Nas doutrinações deve-se falar unicamente o indispensável, como já dissemos, evitando as clássicas e monótonas preleções, porque em grande número de casos, não é a eloquência, a argumentação exaustiva ou os floreios de imaginação que resolvem as dificuldades, mas sim, o sentimento, a vibração de amor, o desejo de servir, o impulso de fraternidade, manifestados pelos cooperadores; a excessiva argumentação às vezes, mesmo, irrita frequentadores e obsessores; por isso, ao mesmo tempo que se doutrina, se deve projetar sobre os obsessores ou sofredores ondulações fluídicas fraternas e construtivas, de cores suavizantes ou estimuladoras, que penetram fundamente na organização perispiritual, produzindo alterações benéficas e decisivas nos campos da emoção e da compreensão e, somente quando

houver recalcitrância bem definida e sistemática, serão aplicadas pelo plano espiritual as contenções e outras medidas mais enérgicas que, todavia, jamais se podem generalizar.

9) Nos exames espirituais e nos tratamentos, convém ter sempre em vista a existência e a ação dos chacras, sua localização, dimensões, dinamismo, luminosidade, especializações de cada um, normalidade de suas ligações com os plexos nervosos e com o plano espiritual, porque qualquer alteração funcional deles afeta a saúde, o comportamento psíquico e o funcionamento normal do organismo físico. Por exemplo: uma disfunção ou esvaziamento do chacra esplênico resulta sempre em perda de forças, enfraquecimento progressivo, depressão física e psíquica; a do coronário resulta no enfraquecimento ou mesmo no corte da ligação consciente com o plano espiritual e consequente cessação da cobertura espiritual indispensável, sobretudo para os médiuns.

10) Nestes exames verificar sempre a existência de manchas no perispírito, quistos, agregados fluídicos de qualquer espécie, examinando sua localização, áreas atingidas, aspectos gerais (mais claros, mais escuros; mais leves, mais densos; mais restritos, mais amplos, etc.), como também núcleos e ramificações negativas suspeitas, de fundo maligno, casos estes em que as manchas se apresentam densas, anegradas, rodeadas de tons arroxeados, com enraizamentos em forma de filetes arredondados ou achatados, convindo sempre acompanhar tais sinais para delimitar a área atingida, verificando também, se já existem projeções no corpo físico.

11) Nas influenciações que vêm do exterior, acompanhar os filamentos escuros verificando, se possível, as causas, as origens (quase sempre antros de trabalhos inferiores, agrupados ou isolados, encarnados ou não), para se poder neutralizar ou desligar os malefícios.

12) Nestes trabalhos, sobretudo nestes últimos, deve ser mantida a mais estreita e apurada ligação com o plano espiritual, através da vidência ou incorporação, utilizando-se ainda amplamente do recurso dos desdobramentos, com médiuns competentes e disciplinados, para se poder agir com eficiência e segurança.

13) O tratamento para crianças depende de organização especial porque elas não devem ser misturadas com adultos cujas vibrações e fluidos mais pesados lhes seriam nocivos à sensibilidade; seguir mais ou menos o seguinte esquema:

a) exames espirituais e tratamento em separado, tendo em vista que suas perturbações espirituais são, via de regra, reflexos das condições ambientes familiares;

b) tratamento também para os pais com esclarecimentos sobre os cuidados a ter na educação dos filhos e na formação de seu caráter, face aos ensinamentos evangélicos;

c) ter por norma os métodos estudados e recomendados no livro *Vivência do Espiritismo Religioso*, que representam o que há de mais avançado e conveniente nesse setor delicado de encaminhamento doutrinário da infância e da juventude.

Demonstração

A título meramente exemplificativo vamos fazer funcionar um trabalho de tratamento em um Centro Espírita que adotou o sistema aqui sugerido. Para isso vamos atender alguns frequentadores, examinando caso por caso. É óbvio que tanto a natureza dos casos como os nomes são todos supostos.

Antonio Maria — Queixa-se de perturbações indefinidas, dificuldades domésticas, falta de êxito na profissão. Atendido pelo plantão recebe um passe de limpeza e um cartão para fazer exame espiritual em dia determinado, o qual constatou **perturbação espiritual ligeira** e nenhum conhecimento de ordem religiosa. Foi encaminhado a um dos trabalhos comuns (T.C.). Tomando passes e ouvindo preleções doutrinárias e evangélica, ficaria suficientemente atendido.

João da Silva — Queixa-se de irritação nervosa, insônia, mal-estar, tonteiras repentinas. O exame espiritual revelou manchas escuras nos plexos solar e sacro, não havendo influenciação a distância. Foi também encaminhado às sessões comuns, nas quais receberia a assistência direta do plano espiritual.

Não havendo melhorado e as perturbações tendo aumentado, em novo exame foi transferido para a especialização P2 — espiritual — durante oito semanas, com passes espirituais duas vezes por semana. Aí reequilibrou-se.

Ana de Barros — Fortemente perturbada, tendo o exame revelado influenciação direta, desequilíbrio nervoso, focos escuros na região do bulbo, coluna e aparelho genético. Frequentara terreiro e não obtivera resultados nos trabalhos comuns anteriores nem tampouco no P2, que já frequentara 4 vezes. Na progressão adotada, foi mandada para o P3-B (espiritual) para tratamento, com doutrinação de Espíritos e passes espirituais três vezes por semana. Melhorou e teve alta mas, recaindo na perturbação, veio a novo exame, tendo-se constatado a existência de **mediunidade-tarefa.** Foi então encaminhada a cursos de desenvolvimento e evangelização (reforma íntima). No primeiro atendimento a mediunidade não pôde ser observada porque fluidos escuros muito densos cobriam as glândulas cerebrais da mediunidade. Com o novo tratamento limpou-se a área e a verificação pôde ser feita.

Artur Braga — Precárias condições físicas e morais. Trazia diagnóstico médico de úlcera duodenal e distúrbios consequentes. O exame espiritual revelou forte incidência de fluidos escuros na coluna, na região cardíaca e no ventre; frequentara antes trabalhos inferiores e também os trabalhos comuns da Casa, bem como o P1 (material) sem resultados definitivos. Foi encaminhado ao P3-C (espiritual) com doutrinação de Espíritos e recomendação para prosseguir no tratamento médico material. Foi depois para um estágio no P3-A (material) e por fim a úlcera ficou reduzida a um simples espessamento da mucosa, que não impedia o ganha-pão material. Como os exames acusaram sempre FM (fundo mediúnico), isto é, sensibilidade mediúnica ou **mediunidade potencial, sem tarefa encarnativa,** a evolução do tratamento era satisfatória e o doente teve alta porque era um caso cármico.

José Faria — O diagnóstico médico acusava uma disfunção renal com obstrução do rim direito, pela existência de uma pedra. O exame espiritual local revelou a pedra na parte alta do ureter e depósitos arenosos no rim e na bexiga. Sem tratamento espiritual anterior. O exame geral revelou manchas escuras no bulbo e na coluna até a região lombar, daí infletindo para os rins, o direito com **filamentos escuros para o exterior.** Acompanhando estes, localizou-se a origem da influenciação em um grupo de terreiro ligado a trabalhos inferiores. Devido à urgência, foi encaminhado ao P3-B (espiritual) para doutrinação e desligamento de influências, com passes três vezes por semana, e ao mesmo tempo ao P3-A (material) para dilatação dos condutos obstruídos e dissolução dos depósitos, que foram sendo aos poucos (três trabalhos seguidos) eliminados nas matrizes espirituais, recomendando-se ao interessado, desde o princípio, que não se afastasse do tratamento médico material.

Nota — Os dirigentes destes trabalhos devem ser pessoas competentes e discretas; a capacidade, a prática, os

Métodos Espíritas de Cura

conhecimentos que possuírem exercerão real influência no êxito dos tratamentos e facilitarão grandemente o trabalho dos operadores do plano espiritual.

Vamos demonstrar isto: seja o mesmo caso da disfunção renal citada no tratamento anterior. Feita a limpeza fluídica da área afetada, o dirigente procura confirmação do diagnóstico, e a vidência o confirma notando a existência de depósitos no bacinete e na bexiga. Pede então à corrente fluidos quentes e vermelhos para dilatar a área de junção do ureter no bacinete e em seguida para o mesmo resultado no ureter, em todo o seu curso até a bexiga, determinando de início que os fluidos da corrente sejam concentrados no plexo solar, à disposição dos operadores espirituais encarregados do atendimento. No primeiro movimento os fluidos são projetados para o interior do rim, visando agitar, movimentar os resíduos ali existentes, fluidificando-os, e no segundo, pelo ureter abaixo, até serem despejados na bexiga urinária.

É óbvio dizer que este trabalho da corrente é controlado e secundado pelo plano espiritual, que entra também com seu poderoso contingente de elementos apropriados, visando os mesmos resultados.

Finda esta fase, o dirigente pede à corrente fluidos suaves, verdes sedativos, para toda a área trabalhada. (Nessas atividades, como já dissemos, a mente dos médiuns tem destacado papel, regulando o fluxo da corrente ou criando os elementos solicitados que derramam na corrente pelas mãos).

Feito isso, o dirigente aguarda o termino da operação no plano espiritual e encerra o trabalho promovendo, em seguida, a **reposição de energias** gastas pelos médiuns para que estes não se ressintam, enfraquecendo-se.

Mutatis mutandis este o processo de tratamento ou de intervenções mediúnicas para todos os casos avançados anteriormente enumerados e isentos de impedimentos cármicos. Os quais não impedem os tratamentos, mas como já dissemos, reduzem grandemente os resultados.

Nota — Em se tratando de moléstia orgânica, material (sem fundo espiritual) e, em sentido inverso ao que já foi explicado, desde o momento em que ela se instala no corpo físico, passa a refletir-se no perispírito, nos órgãos correspondentes, aí também se radicando. Nestes casos, o tratamento espiritual, da mesma forma, e pelas mesmas razões, quando aplicado, oferece resultados satisfatórios podendo, ainda, transformar-se em recurso auxiliar do tratamento médico oficial.

Considerações finais

Em todo o exposto neste livro é importante considerar que tanto os tratamentos espirituais como os seus efeitos são executados e obtidos sem ação direta, objetiva, deliberada, sobre o corpo físico porque, neste processo aqui sugerido, as intervenções, como já afirmamos, com apoio nos suportes magnéticos de base estabelecidos pelos médiuns em nosso plano, são realizadas pelos operadores espirituais, diretamente nas matrizes do perispírito, das quais os órgãos físicos são duplicatas ou, melhor, projeções densas e de onde os resultados são, em seguida, transferidos para o corpo físico, em tempo mais ou menos demorado, segundo as condições de maior ou menor pureza ou sensibilidade psicofísica do interessado.

Conquanto, via de regra, esse fenômeno de projeção se verifique, os tratamentos, no fundo, são sempre de **natureza espiritual**, aplicados por **processos espirituais**, com filiação a princípios doutrinário-religiosos, em nada representando transgressão a leis existentes. A nosso ver, enquadram-se no setor da liberdade de crenças assegurada pela Constituição Nacional; não representam uma atividade profissional, não havendo, portanto, o exercício ilegal de medicina a que o Código Penal se refere, ocorrendo ainda a circunstância relevante de que não há interferência no tratamento médico comum, material, a cujas prescrições, bem ao contrário, recomenda-se aos interessados que continuem a se submeter.

E também julgamos que em nada se desvia da Codificação doutrinária, mesmo sendo uma inovação, porque as inovações são necessárias, como fontes de progresso e, muitas vezes, revelações, através das quais as religiões e doutrinas se fizeram. Por isso é que Kardec, o insigne missionário, advertiu para o futuro dizendo que o que viesse depois e fosse julgado acertado deveria ser aceito e incluído no corpo da doutrina.

2ª Parte
Psiquismo

Apresentação

O programa do Curso de Médiuns, adotado pela Aliança Espírita Evangélica, estaria incompleto se não ministrássemos aos alunos noções gerais de psiquismo à luz da Doutrina Espírita.

Nesta obra temos, assim, um despretensioso estudo onde o Comandante Edgard Armond, apoiado em autores valiosos, oferece ao conhecimento dos futuros médiuns noções importantes de neurofisiologia, que, por sua vez, descortinam um caminho lógico e suave para a compreensão dos intrincados mecanismos do metabolismo psíquico.

Solicitamos vênia para relatar que ao recebermos das mãos do Autor os originais deste trabalho, nutrimos dúvidas sobre a eficácia do programa junto aos nossos alunos, pois a matéria, à primeira vista, mostrava-se portadora de elevada complexidade. Entretanto, tal impressão desvaneceu-se quando, a título de experiência, ministramos o assunto para uma turma de 40 alunos de um Centro Espírita integrado à Aliança, em São José dos Campos.

Transcorridos os primeiros dez minutos da aula inicial já podíamos sentir o incomum interesse que aos poucos a matéria ia despertando e, não raro, as aulas eram conduzidas para um amplo debate com a participação geral.

Desejamos salientar que em muitos tópicos, principalmente no que tange aos desenhos ilustrativos, a exatidão e o rigorismo científicos foram prejudicados em favor da didática.

Não poderíamos deixar passar em branco o significado histórico da presente publicação que inaugura uma extensa série de obras preciosas e, ao mesmo tempo, dá início à Editora Aliança que traz consigo um programa de trabalhos assaz promissor.

A Aliança Espírita Evangélica se coloca à disposição para qualquer esclarecimento adicional que se faça necessário sobre a matéria e, ao mesmo tempo, faz votos para que os ensinamentos contidos no presente opúsculo venham a contribuir na preparação e no aperfeiçoamento dos nossos irmãos portadores de mediunidade, e igualmente no aculturamento dos interessados em geral.

São Paulo, junho de 1974

Jacques André Conchon
Diretor Geral da Aliança

I
O Encéfalo

O estudo do encéfalo, equivocada e vulgarmente conhecido por cérebro, requer conhecimentos específicos que os alunos encontrarão em livros de biologia, anatomia e fisiologia humanas. Cabe-nos, entretanto, algumas conceituações básicas que permitem melhor compreensão da sua estrutura física, responsável pelo psiquismo da alma.

Por psiquismo queremos dizer "o conjunto das faculdades da alma", ou seja, seus pensamentos e sentimentos que traduzirão, no corpo físico, as atitudes e os padrões que caracterizam sua personalidade.

A) ENCÉFALO

O encéfalo está contido no **crânio** ou caixa óssea que o envolve e o protege de impactos ou outros danos físicos e possui algumas estruturas, tais como:

1. Cérebro:

Responsável pelas faculdades intelectuais, motricidade e sensibilidade. A consciência. Nele localizam-se os centros que recebem as sensações olfativas, auditivas, visuais, táteis, gustativas e de equilíbrio. O cérebro é formado por duas metades, os **hemisférios**, ligados entre si pelo **corpo caloso,** cuja função principal é transmitir aos dois hemisférios a imagem, captada através do olho, corrigida (o cristalino é uma lente). O **hemisfério direito** está associado à criatividade, às habilidades artísticas, ao mediunismo. É a expressão física da intuição, da memória.

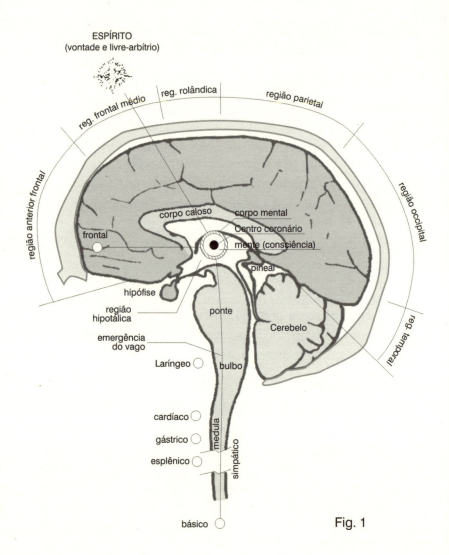

Fig. 1

Psiquismo

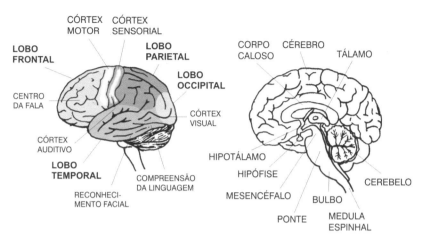

Esquema Geral do Encéfalo

Fig. 2

Domina o lado esquerdo do corpo. O **hemisfério esquerdo** está associado ao raciocínio lógico, análises e pensamento matemático. Domina o lado direito do corpo. O cérebro possui regiões específicas, os lobos, sendo eles:

a) Os **lobos frontais** formam a região onde, no plano denso, o Espírito expressa o seu discernimento e a sua vida intelectual. Os lobos frontais também são o local onde expressamos a atividade psíquica: pensamentos, memória, a escrita, a fala, movimento, atividades manuais.

b) Os **lobos parietais** são a expressão física com relação ao tato, a sensibilidade geral.

c) Os **lobos occipitais:** a visão. É por isso que, muitas vezes, quando adentramos em ambiente pesado, com cargas densas, nossa visão fica turva.

d) Os **lobos temporais:** a audição, o paladar e o olfato.

Vale observar que atualmente a medicina tem verificado que pessoas com lesões em determinada zona ou lobo cortical não mais determinam perda total e permanente da função acima mapeada, buscando o próprio organismo refazer um outro caminho para desempenhar tal função, o que demonstra que regendo as estruturas físicas está o Espírito.

2. Diencéfalo:

2.1) **Tálamo:** Regula a sensibilidade e é estação de retransmissão dos impulsos nervosos para o córtex cerebral.

2.2) **Hipotálamo:** É o principal centro integrador das atividades dos órgãos viscerais, responsável pelo equilíbrio dinâmico interno do organismo. Faz a ligação entre o sistema nervoso e o sistema endócrino, ativando diversas glândulas e produzindo hormônios (oxitocina e antidiurético) que se relacionam com o parto e a liberação de leite materno e o controle da eliminação da urina. É o centro físico de controle do impulso sexual, da ira, da fome, da sede e do prazer.

• **Glândula Hipófise ou Pituitária:** É a glândula mestra do corpo físico, produtora de hormônios que vão influenciar as atividades das demais glândulas do organismo, tais como a tireóide, as supra-renais, os ovários, etc.

• **Glândula Epífise ou Pineal:** É uma glândula com função mais espiritual que material. Produtora do hormônio melatonina que, estimulado por baixas concentrações de luz no ambiente, é liberado no sangue e produz a queda do metabolismo físico, preparando a alma para o desdobramento ou projeção astral durante o sono. É a chamada glândula da mediunidade, pois estimula a atividade do encéfalo perispiritual, onde, podemos dizer, localizam-se as faculdades mediúnicas. (Fig. 1)

3. Tronco Cerebral:

3.1) Mesencéfalo: Recebe e coordena as informações referentes ao estado de contração dos músculos e à postura do corpo, sendo responsável por certos reflexos, como o de contração da pupila do olho.

3.2) Ponte: É constituída principalmente por fibras nervosas mielinizadas que ligam o córtex cerebral ao cerebelo.

3.3) Bulbo ou Medula Oblonga: É um centro vital que preside as funções de conservação do nosso organismo. Possui centros nervosos de onde partem nervos que se dirigem ao coração, aos pulmões, ao esôfago, ao estômago, controlando e se responsabilizando pela atividade cardíaca, respiratória e digestiva. É onde está o centro da deglutição, da temperatura corporal, do vômito e da tosse. O bulbo participa, ainda, da coordenação dos movimentos de caminhar e correr. Um grupo de neurônios do bulbo, conhecido como **sistema reticular**, mantém o cérebro alerta e consciente.

Entidades desencarnadas inferiores gostam muito de atuar no bulbo de seus perseguidos, irradiando-lhes energias densas, o que provoca no indivíduo enjôos, tonturas, calafrios e sonolência.

Uma lesão no bulbo pode determinar a morte instantânea.

4. Cerebelo:

É considerado o centro do equilíbrio corporal, movimentos delicados direcionados (ajuste fino), e influencia outras regiões do cérebro (córtex) responsáveis pela locomoção e visão. O cerebelo recebe as informações de como estão os nossos músculos, bem como sobre a nossa audição e visão. Com base nessas informações, coordena os movimentos e orienta a postura corporal.

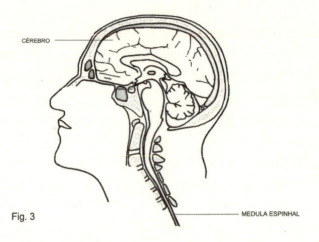

Fig. 3

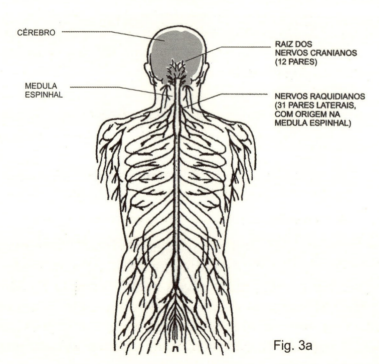

Fig. 3a

O álcool altera completamente a função cerebelar, daí a falta de equilíbrio do indivíduo bêbado.

B) MEDULA ESPINHAL

Trata-se de um cordão nervoso que se inicia no bulbo, desce através do orifício existente na região occipital do crânio e vai até as vértebras lombares, terminando no cone sacro ou **cauda equina**.

Uma das funções da medula espinhal é elaborar respostas simples para certos estímulos, sem que eles passem pela interpretação nos hemisférios cerebrais, para que a resposta seja mais rápida e eficiente, no sentido de defesa ou de manter a integridade do indivíduo. Estamos falando dos **atos reflexos**, que permitem o organismo reagir rapidamente frente às situações de emergência, antes mesmo que a informação chegue ao cérebro e o indivíduo tome consciência do que está acontecendo. Exemplo: a retirada brusca da mão de sobre um objeto quente ou pontiagudo.

O Encéfalo mais a Medula Espinhal constituem o Sistema Nervoso Central. (figs. 3 e 3a)

C) ATUAÇÃO DO ESPÍRITO

Os estímulos e impulsos sensitivos vêm pelos nervos e vão aos órgãos denominados **tálamo** e **hipotálamo**, do diencéfalo, de onde são encaminhados para o **córtex**. Nesses órgãos são encaminhados, manipulados, mas não interpretados.

Os processos de interpretação são desconhecidos da ciência porque escapam da função material do cérebro, dependem da ação espiritual do conjunto anímico.

Tratando-se de conjuntos motores encontramos igualmente a lacuna, pois os mesmos nascem "misteriosamente" na região cortical e são conduzidos por nervos eferentes através do diencéfalo (tálamo, hipotálamo), descem pela coluna e vão ter, finalmente, a um músculo que executará a ordem emitida. Ocorre que o nascimento do impulso motor no córtex carece de explicação dentro da ciência atual.

Em resumo, podemos pesquisar nos mínimos detalhes os processos de condução dos impulsos, contudo se pautarmos nosso estudo pela parte material, jamais conseguiremos explicar a interpretação dos sentidos e o surgimento dos impulsos motores. Um bom técnico de TV poderá destrinchar o aparelho acompanhando o complexo caminho dos impulsos elétricos desde os dispositivos de recepção até o vídeo, mas, por mais esforçado que seja, jamais encontrará o enredo do filme que estava assistindo, a não ser que admita, fora do aparelho, a existência de uma poderosa organização (a emissora) onde os programas são elaborados, estudados, ensaiados e lançados ao ar.

Enquanto a ciência não aceitar o espírito, não poderá compreender os sentidos e o mecanismo da atividade cerebral nas suas relações com o conjunto orgânico.

II
O Sistema Nervoso

1. Introdução

A formação do sistema nervoso começa na vida intrauterina, com o próprio desenvolvimento do embrião. Células especiais – os neurônios (figs. 4 e 4a), vão sendo formados e dispostos em filetes, os nervos, transmissores dos impulsos elétricos e dos chamados neurotransmissores (substâncias químicas). Os nervos são formados pelo grupamento dos axônios – porção mais alongada – dos neurônios. Deste modo, um estímulo enviado pela alma e, por exemplo, irradiado através do hipotálamo, alcança o nervo vago e deste até o coração ou estômago, produzindo uma reação estimulante ou inibidora (depressora).

Certos estimulantes, como o chá e o café[11] provocam o mesmo fenômeno, isto é, produzem impulsos nervosos que percorrem o nervo ativamente; o repouso, o sono, os sedativos, anestésicos e entorpecentes provocam o fenômeno contrário, isto é, determinam o desligamento com a interrupção da passagem do impulso nervoso. Há, portanto, entre as células nervosas uma relação de contiguidade, mas não de continuidade.

No feto, os nervos vão formando os gânglios (entrelaçamento de filetes nervosos) que por sua vez, com

---

[11] Chá mate e chá preto são estimulantes. Observe, todavia, que chás como cidreira, hortelã, erva-doce, melissa, etc., são depressores do Sistema Nervoso. O álcool também é um depressor, e não um estimulante. (Nota da Editora)

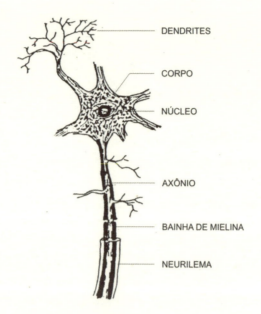

Neurônio
Fig. 4

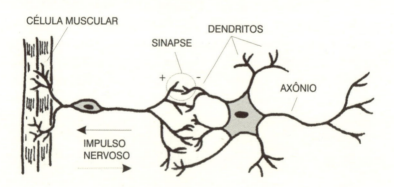

Fig.4a

o progressivo desenvolvimento, irão se agrupar em redes nervosas, os plexos. Só os vertebrados possuem sistema nervoso semelhante. Os invertebrados possuem um sistema de organização ganglionar.

2. Estrutura do Sistema Nervoso

Dissemos que o Encéfalo mais a Medula Espinhal formam o Sistema Nervoso Central. (figs. 3 e 3a)

Sistema Nervoso Periférico é a divisão que se faz para designar os nervos que saem do encéfalo, os chamados **nervos cranianos** (12 pares — figs. 3a e 5). Exemplos: nervo olfatório, nervo óptico, nervo trigêmeo, nervo glossofaríngeo (língua), nervo vago (tratos respiratório, cardíaco e digestivo) e para os nervos que se projetam da medula espinhal (31 pares) ao longo da coluna vertebral, pelos buracos intervertebrais, os **nervos raquidianos**. Os nervos raquidianos ramificam-se e os diferentes ramos vão inervar os músculos, a pele, as vísceras. Ramos de diferentes nervos podem se juntar, formando verdadeiras redes nervosas (plexos nervosos — fig. 6). Plexos de nervos da vida de relação (Frontal, Laríngeo, Cardíaco, Solar, Mesentérico, Hipogástrico e Sacral) que se relacionam com os **centros de força** (Frontal, Laríngeo, Cardíaco, Gástrico, Esplênico, Genésico e Básico — fig. 8).

Com relação à função, o **Sistema Nervoso Periférico** é dividido em:

a) **Sistema Nervoso Voluntário (Somático):** Função de reagir a estímulos provenientes do ambiente externo.

b) **Sistema Nervoso Involuntário ou Autônomo (Visceral):** Função de regular o ambiente interno do corpo, controlando a atividade dos sistemas digestivo, cardiovascular, excretor e endócrino.

O Sistema Nervoso Periférico Autônomo (fig. 7) é subdividido em dois ramos:

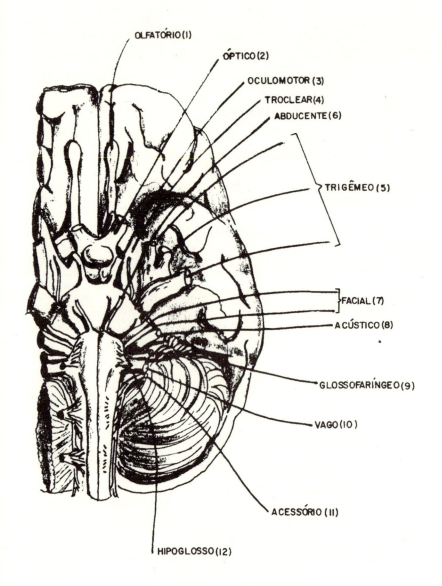

Sistema Nervoso Periférico
(Visão de Baixo para Cima)
Fig. 5

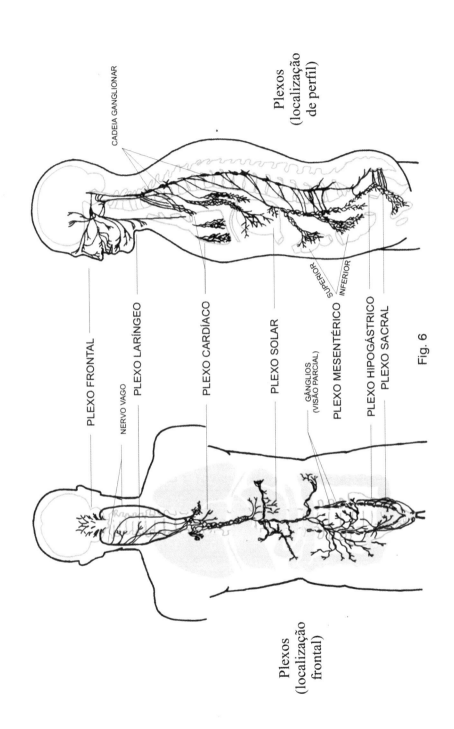

Fig. 6

b1) Sistema Nervoso Simpático (Toracolombar): Auxilia o organismo a superar os desafios do meio ambiente; a superar fortes emoções, estado de emergência ou estresse. Tem ação genérica estimuladora. O neurotransmissor é a **adrenalina.**

b2) Sistema Nervoso Parassimpático (Craneossacral): Responsável pelo controle interno do organismo. Tem ação genérica inibidora. Estimula a digestão e a excreção. É mais ativo durante o repouso ou relaxamento. Projetando-se fluidos nessa região, obteremos uma reação sobre os órgãos da vida vegetativa (coração, estômago e intestinos). **É conhecido por Vago-Simpático ou Neuro-Vegetativo.** O Vago é seu nervo mais representativo, enervando o coração, os pulmões, pâncreas, fígado, estômago. O neurotransmissor é a **acetilcolina.**

É importante ressaltar que onde o Simpático age como inibidor o Parassimpático será estimulador[12]. Eles têm funções antagônicas. (Ver quadro à pág. 26: "Efeitos Autônomos Sobre Vários Órgãos do Organismo").

Conhecer o Sistema Parassimpático e sua ação moderadora é muito útil na transmissão de fluidos de cura, sobretudo nos tratamentos **Pasteur 1** e **Pasteur 2.**[13]

---

[12] No início do desenvolvimento mediúnico, o médium de incorporação pode sentir uma atividade inicial adrenérgica (taquicardia, seguida de instabilidade respiratória) e depois a atividade colinérgica do parassimpático, dando equilíbrio ao organismo. A busca, pelo médium, do controle sobre o processo mediúnico visa justamente não comprometer a saúde do corpo físico neste processo de reequilíbrio natural do sistema nervoso simpático/parassimpático, que geralmente ocorre num período de 90 minutos. (Nota da Editora)

[13] A este respeito consulte a obra Passes e Radiações do mesmo autor.

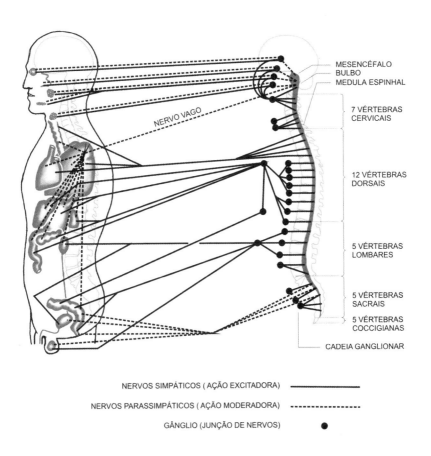

Representação Esquemática do Sistema Nervoso Periférico Autônomo (Simpático e Parassimpático)

Fig.7

Quadro – Efeitos Autônomos Sobre Vários Órgãos do Organismo

Órgão		Efeito da Estimulação simpática	Efeito da estimulação parassimpática
Olho	Pupila	Dilatação	Contração
	Músculo ciliar	Nenhum	Excitação
Glândulas	Nasais	Vasoconstrição	Estimulação de secreção fina, copiosa, contendo enzimas
	Lacrimais		
	Parótidas		
	Submaxilares		
	Gástricas		
	Pancreáticas		
Glândulas sudoríparas		Sudorese copiosa (colinérgica)	Nenhum
Glândulas apócrinas		Secreção espessa e odorífera	Nenhum
Coração	Músculo	Aumento da frequência	Diminuição da frequência
		Aumento da força de contração	Diminuição da força de contração atrial
	Coronárias	Vasodilatação	Constrição
Pulmões	Brônquios	Dilatação	Constrição
	Vasos sanguíneos	Discreta contração	Nenhum
Intestino	Lúmen	Diminuição do peristaltismo e tônus	Aumento do peristaltismo e tônus
	Esfíncter	Aumento do tônus	Nenhum
Fígado		Liberação de Glicose	Nenhum
Vesícula biliar e ducstos biliares	Inibição	Excitação	
Rim		Diminuição do débito urinário	Nenhum
Ureter		Inibição	Excitação
Bexiga	Detrusor	Inibição	Excitação
	Trigono	Excitação	Inibição
Pênis		Ejaculação	Ereção
Vasos Sanguíneos sistêmicos	Abdominais	Constrição	Nenhum
	Musculares	Constrição (adrenérgica)	Nenhum
		Dilatação (colinérgica)	
	Subcutâneos	Constrição (adrenérgica)	Nenhum
		Dilatação (colinérgica)	
Sangue	Coagulação	Aumento	Nenhum
	Glicose	Aumento	Nenhum
Metabolismo basal		Aumento de até 100 por cento	Nenhum
Secreção do córtex supra-renal	Aumento	Nenhum	
Atividade mental		Aumento	Nenhum
Músculos piloeretores		Excitação	Nenhum
Músculo esquelético		Aumento da glicogenólise e da força	Nenhum

(Extraído de Fisiologia Básica, de Arthur C. Guyton)

III
Reencarnação

Para prosseguir no estudo do psiquismo é necessário remontar ao processo de reencarnação, para compreendermos que, muitas vezes, o psiquismo da criatura encarnada hoje, tais como traumas ou recalques, é resultado das experiências vividas no passado.

A reencarnação é o aprendizado espiritual muitas vezes repetido, a vivência muitas vezes renovada, nos caminhos da evolução.

Em cada reencarnação o Espírito vive e constrói uma nova forma física, a partir dos resultados da vida anterior, e essa forma representa a sua necessidade presente, sob o aspecto evolutivo.

Quando atinge certo ponto de entendimento, o Espírito colabora conscientemente no ato reencarnatório e na programação das tarefas que vai agora realizar; mas, quando é ainda atrasado, os Benfeitores Espirituais o submetem ao sono magnético e, neste estado, é levado ao seio materno que lhe foi designado, segundo as provações e experiências que deverá suportar.

No primeiro caso, isto é, quando já possui juízo próprio, colabora, como já foi dito, no processo, conscientemente, assim como na formação do feto; no caso contrário, o trabalho de formação do feto é realizado pelos Benfeitores e pela mente materna, sempre presente ainda que, muitas vezes, inconscientemente.

No Espírito desperto sua mente durante a reencarnação permanece associada à mente materna, influenciando na formação do feto, cujo conjunto celular fica, desde o início, impregnado da força do pensamento e da vibração tonal da mãe.

Daí o fenômeno da hereditariedade: a herança física que o feto recolhe são as condições boas ou más fixadas no seu perispírito, que são transmitidas materialmente ao corpo físico do reencarnante, ainda em formação.

Portanto, os pensamentos fabricam as formas físicas que utilizamos durante a encarnação e a mãe não só oferece o meio físico reencarnatório, como também, colabora, consciente ou inconscientemente, na formação e na vida do feto, nutrindo-o com suas próprias energias e ainda saturando-se das boas ou más influências recebidas do reencarnante; alegra-se e sente-se feliz com a gestação ou, então, sofre desde os primeiros dias, e se amargura, com a carga nociva das más influências que esta lhe traz.

É considerável o número de mulheres, ignorantes da vida espiritual verdadeira, que não suportam esse período de gestação e, por esse motivo, apelam para o aborto.

Desde a fecundação o veículo perispiritual do reencarnante vai se afastando e se desligando dos pontos de apoio e dos contatos que mantinha nas esferas espirituais donde proveio, para que possa retomar sua flexibilidade, condições funcionais e características que lhes são próprias, acrescidas ou modificadas com as experiências que, porventura, tenha feito nessas esferas, porque se sua identidade espiritual é, antes ou depois, a mesma e sempre invariável, o mesmo não sucede com o perispírito que naturalmente sofre transformações nos ambientes por onde transita o espírito que ele reveste.

Por isso, em toda encarnação nova, deve apresentar-se livre de ligações outras que não sejam as próprias, como se encontrarem no momento, para poder se integrar na nova vida a encetar agora.

E assim, por si mesmo ou com auxílio dos irmãos espirituais, vai então se reduzindo ao ambiente fetal e volta a ser criança, com todos os incômodos que essa condição comporta segundo a Lei, perdendo a lembrança do passado.

1. Formação do Feto

Na corrida dos espermatozóides para a fecundação, aquele que for julgado o mais robusto e mais conveniente ao caso presente, atinge o óvulo conduzido por condições de sintonia vibratória. Rompe a cutícula deste e nele penetra, caminhando rapidamente para o núcleo; e então os dois elementos geradores, masculino e feminino, se fundem, enquanto um halo de tênue luminosidade os envolve.

O espermatozóide que consegue penetrar no óvulo **não é** o que atinge o óvulo em primeiro lugar, hoje sabe-se que se não chegarem mais 50 milhões, não há quantidade suficiente de enzima perfurante da membrana do óvulo. Por isso é que nos documentários de TV, quando da inseminação artificial, vemos uma agulha rompendo a membrana pois só um espermatozóide não há como efetuá-lo.

Logo em seguida o perispírito do reencarnante une-se também ao conjunto e, a partir daí, vai atraindo para si, as energias vitais dos alimentos e energias em trânsito, vindos do corpo materno e do centro de força genésico e, desta forma, vai, à guisa de fôrma (que realmente o é), moldando em si mesmo o corpo físico que vai usar nessa encarnação.

As células orgânicas se aglutinam por estímulos recebidos do próprio reencarnante (quando este possui condições mentais para fazê-lo conscientemente) de acordo com a delicadeza da atividade específica de cada grupo celular como, por exemplo:

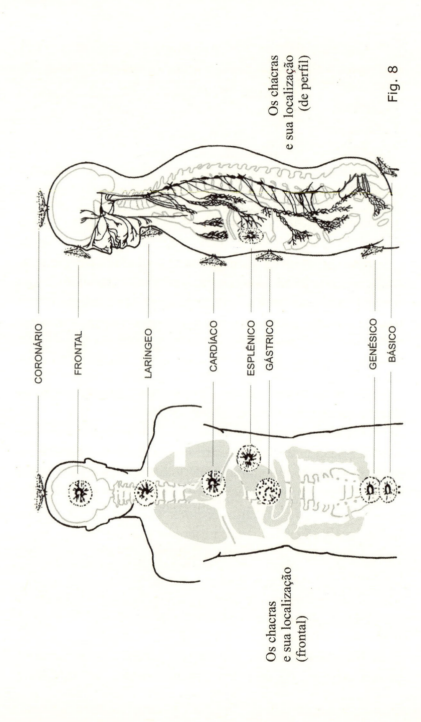

Fig. 8

Região	Atividade Específica
centro coronário	ajustamento ao plano encarnativo individual.
frontal	exercício da inteligência e das ligações ambientes.
laríngeo	trabalhos de fonação e respiração.
cardíaco	emotividade e sentimentos.
gástrico	manipulação de alimentos e sua assimilação
genésico	atividades de fecundação e geração.

Esses trabalhos das células estão naturalmente subordinados aos recursos automáticos do Centro Coronário.

Por isso, podemos afirmar que as células são princípios inteligentes de feição rudimentar, sensíveis e obedientes aos pensamentos, estímulos e impulsos, que visam manter o corpo físico em ordem, credoras, portanto, do nosso reconhecimento.

2. O Perispírito

No homem reencarnado é o veículo físico de estrutura fluídica eletromagnética que se altera, segundo as aquisições da mente que o maneja.

É criação mental do espírito, para servir-lhe de veículo de manifestação nos ambientes em que evolui, tecido com recursos retirados dos celeiros da natureza, por ele mesmo.

É vaso que utilizamos para ambientar em nossa individualidade a luz divina que nos faz evoluir, sofrendo transformações, mais ou menos profundas, em cada reencarnação.

As condições de vida na carne determinam sua densidade; registra tudo que fazemos, com todas as particularidades. É a ponte para a vida eterna dos seres mais evoluídos.

Na sua contextura e para seu regular funcionamento possui **centros,** ou estações transmissoras e receptoras de impulsos e ordens provindas do espírito, através da mente e, indutivamente, dos planos etéreos dos ambientes em que o Espírito atua.

Esses centros sobrepõem-se aos do corpo etéreo.

Possui uma área fixa, estável, que representa a sua situação global de estado evolutivo, e outra móvel, flutuante, que representa o trânsito de ideias, pensamentos e emoções. A área fixa possui coloração estável, de fundo, ao passo que a outra apresenta cores variáveis que cruzam o perispírito em ondas ou raios de duração curta.

Os **centros de força** (chacras) são núcleos de força psíquica e mental acumulados de existências anteriores. Quanto aos centros de força do corpo etéreo, estes se dissolvem com a morte do corpo físico; no entanto, os do perispírito são permanentes, acompanhando o espírito em sua trajetória evolutiva até limites ignorados, mas enquanto necessitar de manifestar-se em esferas de vibração fenomênica.

O perispírito é o molde fundamental da existência, e como já foi dito, acompanha o espírito após a morte física.

No esquema do metabolismo psíquico e aprofundando-nos temos: **corpo físico** (cérebro) — **duplo etéreo — perispírito — espírito.** No percurso inverso temos: **espírito — perispírito — duplo etéreo — corpo físico** (cérebro). O leitor poderá acompanhar este parágrafo com auxílio do esquema didático da fig. 9 que, em benefício da clareza, peca um pouco quanto a precisão.

O progresso mental renova o Espírito na parte psíquica e intelectual, mas não no sentido moral: por isso há Espíritos evoluídos intelectualmente e retardados nos sentimentos.

A forma do perispírito varia segundo as leis da gravidade dos meios em que atua, e paixões, emoções, impulsos e virtudes que possua.

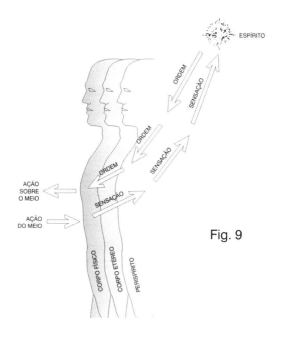

Fig. 9

3. O Corpo Etéreo

Desde o início do processo da gestação, as emanações orgânicas do campo uterino e do perispírito do reencarnante concorrem para formar ali mesmo um terceiro elemento: o **duplo etéreo** que, a partir de então, vai crescer, acompanhando o desenvolvimento do feto, formando assim uma duplicidade de doações em benefício desse corpo duplicata, indispensável, aliás, ao psiquismo do Espírito reencarnante, salvo nos casos em que se trata de Espírito portador de más influências ou perturbações quando, então, os Benfeitores Espirituais suprem as necessidades com elementos provenientes de outra origem.

Esse **duplo** é um elemento plástico fluídico de ligação entre o perispírito e o corpo físico, mas não tem duração permanente, dissolvendo-se com a morte deste último.

Sua principal função é transmitir para a tela do cérebro as vibrações das emoções e dos impulsos que o perispírito recebe do espírito e vice-versa. É condutor e condensador das energias entre o perispírito e o corpo físico, trabalho que se executa através dos centros de força (chacras) também localizados no duplo, que são igualmente estações receptoras e transmissoras de energias.

4. A Aura

O duplo etéreo, também conhecido por corpo energético, não é parte do perispírito, mas um veículo intermediário entre o corpo físico e o perispírito, que possui chacras ou centros de força etéreos. O duplo se projeta para além do corpo físico e forma uma aura, a aura etérica, uma emanação leitosa e de aspecto ovalado. Alguns autores, por considerarem o duplo mais ligado ao corpo físico, designam a aura etérica como a "aura da saúde": um vidente, através de um exame acurado, pode avaliar o estado físico do indivíduo e localizar enfermidades.

A Aura Perispiritual ou Astral, ou simplesmente Aura, é a projeção do perispírito para além dos limites físicos e se revela como uma espécie de emanação bem mais brilhante e diáfana que a aura etérica. Através dela um médium estabelece o retrato psíquico-espiritual do indivíduo, uma vez que os pensamentos e emoções se refletem na aura, antes de alcançar o corpo físico.

IV
O Encéfalo Espiritual

Do ponto de vista espiritual, devemos fixar os seguintes pontos para compreendermos o psiquismo (o leitor poderá acompanhar melhor a exposição através das figs. 1 e 10):

Região Perispiritual do Coronário — Nessa região situa-se o centro de força coronário (integração com o espírito, virtudes morais, meditação, compreensão e reflexões maiores e mais profundas, etc), cuja raiz atinge, no cérebro material, as regiões correspondentes ao diencéfalo: Tálamo (integração da dor) e o Hipotálamo (estímulos do metabolismo interno). É a região de maior contato com o corpo mental.

Região Perispiritual Frontal — Nessa região situa-se o centro de força frontal (formação de juízo, estudo, reflexão, análise, etc.) que corresponde fisicamente ao córtex encefálico que governa as manifestações nervosas do reencarnado. Atinge-se a glândula hipófise pela raiz do centro de força frontal.

Conforme evolui, o cérebro funciona em regiões esquemáticas diferentes:

• Região de hábitos e automatismos — Que se caracteriza por impulsos habituais e automáticos, o indivíduo debatendo-se entre causas e efeitos improdutivos, com perda de tempo e energia.

• Região das conquistas atuais — Quando o indivíduo expende esforço e vontade de forma maquinal, sem conhecimento do passado, sem planos para o futuro, sem luzes e ideais fixados.

- Região das noções superiores — Quando ele fixa alvos a atingir porém sem um ideal maior evangélico, sem esforço, sacrifício, renúncia e sem proveito.

É preciso equilíbrio, conhecimento do passado, idealismo elevado e comunhão com os Planos Espirituais Superiores para poder captar as energias destinadas à construção de um futuro santificado.

1. Os Centros de Forças do Perispírito

Dentre os centros de força do perispírito, que são estáveis além de serem também núcleos de forças psíquicas e mentais, acumuladas de existências anteriores, destaca-se o **coronário** (ver figs. 8,10 e 11), instalado na região do diencéfalo, onde está situada a sede da **Mente**; assimila os estímulos do Plano Espiritual Superior, orienta a forma, a estabilidade, o movimento, o metabolismo orgânico e a vida consciencial da alma.

Supervisiona os demais **centros** e a eles transmite os impulsos vindos do espírito, emite as energias de sustentação do sistema nervoso. Transmite aos centros de força do corpo etéreo as energias manipuladas pelo perispírito.

Provedor de todos os recursos eletromagnéticos indispensáveis à estabilidade orgânica, dentre os quais citamos os hormônios.

É a sede das mais avançadas decisões do Espírito encarnado e, por seu intermédio, a Mente controla o corpo físico através do **centro de força frontal.** Aglutina, transmite e dissemina energias no córtex cerebral para o funcionamento normal do sistema nervoso.

É tão ampla a sua ação que representa quase todo o perispírito. É ponto de concentração de força determinante do espírito e das forças psíquicas e físicas do nosso ambiente de vida.

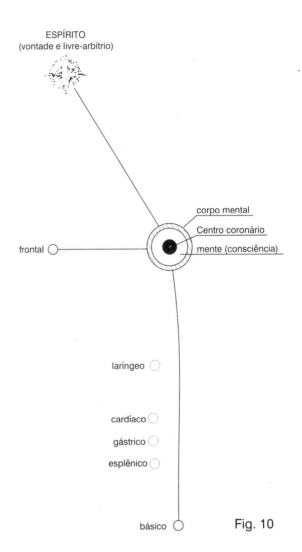

Fig. 10

Irradia energias vitalizantes e correntes magnéticas. Situa-se na cúpula do perispírito, influi nos sentimentos, ideias e ações que circulam nessa área, intelectuais, instintivas ou etéreas e todo o metabolismo do Espírito encarnado, do qual é o órgão dinâmico e a este se liga diretamente porque a **Mente** sobrepõe-se a ele.

Recebe do espírito e leva aos centros de força do perispírito os estímulos referidos que aqui se enriquecem com a carga mental que dele se irradia.

Por intermédio do **centro de força coronário** a Mente administra o seu veículo de exteriorização (o pensamento). O **frontal** lhe recolhe os estímulos transmitindo impulsos, avisos, ordens e sugestões mentais ao corpo físico.

Portanto, conforme afirma André Luiz, no livro *Evolução em Dois Mundos*, cap. XVI, item "Sincronia de Estímulos", os centros coronário e o frontal funcionam em perfeito sincronismo.

Vejamos agora a relação dos demais centros de força do perispírito. (Acompanhar pela fig.8)

Frontal — Controla as percepções (audição, visão, tato, etc.) e processos da inteligência em geral; é ponto de controle dos poderes psíquicos.

Laríngeo — Fenômenos vocais; controle do timo, tireóide e paratireóide.

Cardíaco — Área dos sentimentos; circulação das energias sutilizadas para o funcionamento dos chacras espirituais; relaciona-se com o sistema imunológico e circulatório no corpo físico.

Esplênico — Assimilação e circulação adequada dos recursos vitais sutis para o duplo e corpo físico.

Gástrico — Assimilação das energias primárias (incluindo-se emoções instintivas); relaciona-se com as funções do sistema digestório no corpo físico.

Genésico — Assimilação e utilização das energias primárias criadoras; no físico, relaciona-se com a capacidade reprodutiva dos seres.

Básico — Receptor e distribuidor de kundalini, a força primária fundamental para a vida na matéria.

2. A Mente

O Espírito na sua trajetória foi formando os organismos e os elementos de que carecia para evoluir.

A **Mente** é a área perispiritual na qual o espírito lança as suas ideias, pensamentos, ordens, decisões e impulsos do livre-arbítrio e da vontade, e por ela recebe tudo quanto lhe vem do corpo físico e do mundo exterior pelos sentidos físicos. É a sede da consciência. (Ver fig. 11)

Pode-se dizer que funciona em três setores: o **subconsciente** que registra os fatos do passado; o **consciente** que se refere aos fatos do presente, e o **superconsciente** que registra as ligações com o Plano Espiritual.

O corpo mental é um corpo mais sutil do perispírito e dele as informações provindas do espírito alcançam diretamente a Mente. Assim como o perispírito preside a organização do corpo físico, o corpo mental preside a formação do perispírito.

Sob a orientação da **Mente,** as células compõem os tecidos e os órgãos, que funcionam como um todo indivisível, com auxílio do sistema nervoso e dos hormônios.

A **Mente** é o potencial de inteligência, vida e consciência do próprio Espírito encarnado ou desencarnado.

Ela se manifesta através do diencéfalo e é delimitada, como já afirmamos, pelo **corpo mental.** Sobrepõe-se ao cérebro no **centro coronário** onde vão ter os impulsos do espírito, estímulos, ideias, pensamentos, decisões e os recebe de volta.

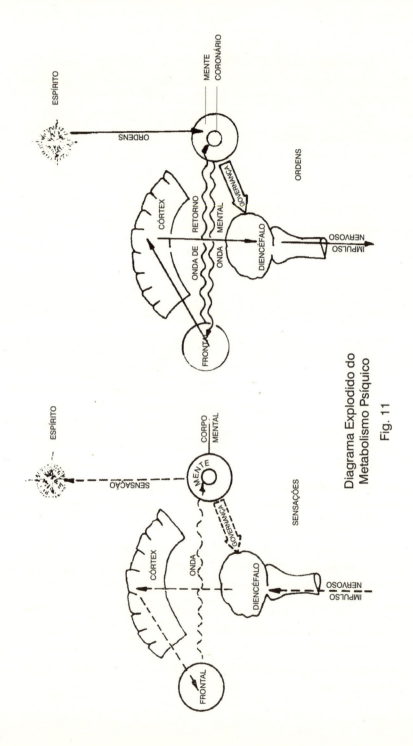

Diagrama Explodido do Metabolismo Psíquico

Fig. 11

3. Metabolismo Psíquico

Na fig. 11, podemos perceber que o espírito envia as orientações que são captadas pelo corpo mental, que as transmite (através do coronário e do frontal) ao perispírito, que as irradia para a sua porção encefálica (córtex e diencéfalo). Do encéfalo as orientações ou energias seguem para a medula espinhal perispiritual (e consequentemente para as estruturas físicas correspondentes). O inverso, ou seja, as sensações apreendidas pelas estruturas físicas e ato contínuo as perispirituais, fazem o caminho inverso como mostra a fig. 11.

Como o **centro coronário,** quer para o Espírito encarnado, quer para o desencarnado, é a estação central do perispírito, com a **Mente** como setor consciente, compreende-se que tudo é registrado, conservado e fixado, e o perispírito pode reviver automaticamente cada encarnação e conservar tanto no organismo físico como no psíquico as diretrizes marcadas para cada reencarnação.

É no tálamo que o Espírito estabelece o seu comando através de uma rede de energias em núcleos intercalados e um sistema de imagens que o pensamento veste com fluidos sutis.

Essas projeções fluídicas cobrem todo o córtex, vitalizando-o com um fluxo incessante que se espalha por todo ele.

Assim como no córtex circulam irrigações energéticas para o tato, a visão, a audição, o gosto, a memória, a palavra, etc, no **diencéfalo** (tálamo, hipotálamo, etc.) circulam energias enriquecidas para sublimação, fixação, estudo, discernimento, análises, meditações e virtudes morais, com emissão de ondas de indagação e outras, que nos digam respeito através do Coronário, em conjunto com o Frontal, recebendo-as de volta em um circuito de raios e ondas, animadas de força mental, que vão e vêm para que se possa formar juízo e agir por livre-arbítrio: é o que se chama reflexão.

Em determinadas circunstâncias, por esses canais circulam estímulos e impulsos provindos de outras mentes encarnadas ou desencarnadas em intercâmbio direto conhecido como inspiração; e muito mais raramente, desprezados todos os canais, de forma difusa com uma fulguração que tudo lhe ilumina, brilha a intuição, capacidade maior do próprio espírito, para soluções que escapam à organização psíquica normal.

3ª Parte
Cromoterapia

Apresentação

A Aliança Espírita Evangélica vem publicar, de autoria de Edgard Armond, a presente obra versando sobre matéria pouco conhecida, integrante do currículo do Curso de Médiuns: a *Cromoterapia*.

Quando o povo, no seu linguajar simples, se refere a um futuro **"cor-de-rosa"** ou afirma que está **"tudo azul"**, dá prova que as cores, além de serem impressões sensoriais, compõem um vocabulário dos nossos sentimentos e emoções. Sim, elas atuam consideravelmente sobre a esfera psíquica e agem de forma positiva no organismo físico. Cada cor, além da sua vibração natural, possui uma outra, com características peculiares, que pode ser empregada no campo das curas.

Atualmente não são poucos os especialistas que reconhecem o valor da Cromoterapia, aplicando-a com excelentes resultados no campo da psiquiatria moderna, na cura das enfermidades e mesmo como coadjuvante profilático. Sabemos, das notícias que nos chegam do mundo espiritual, segundo as quais as cores serão, futuramente, importantes recursos para a medicina, nos seus mais diversificados setores.

O que o Autor nos apresenta nesta publicação, tem um valor inestimável, pois vem clarear um terreno de controvérsias e de interpretações particulares, trazendo-nos um método prático, precedido de um lastro teórico, que encontrará vasto campo de aplicação no atendimento das centenas de pessoas que procuram as Casas Espíritas.

Tratando-se de matéria a ser abordada nas aulas que encerram a parte teórica do Curso de Médiuns, esta edição facilitará sobremaneira a tarefa não só dos expositores, mas sobretudo dos seus alunos.

São Paulo, setembro de 1974

Jacques André Conchon
Diretor Geral da Aliança

I
Noções Gerais

1. Conceitos e Definições

No campo das curas, o tratamento pelas cores ocupa lugar destacado e é muito utilizado no Plano Espiritual, em suas colônias, sanatórios e postos de socorro. Antes de iniciarmos o presente estudo torna-se conveniente conhecermos as seguintes definições:

Energia radiante — Energia que se propaga, inclusive no vácuo, através de ondas eletromagnéticas.[14]

Através da fig.1 o leitor poderá inteirar-se a respeito das várias manifestações da energia radiante (ondas de rádio, raios, ondas de calor, luz, radar, etc.).

Luz — Forma de energia radiante detectável pelos nossos órgãos da visão. Trata-se, como bem ilustra a fig. 1, de um pequeníssimo trecho do espectro das radiações.

Ciclo — Conforme podemos verificar na fig. 2, denomina-se ciclo a oscilação completa de uma onda. Como vemos, a oscilação está compreendida entre um ponto máximo e um mínimo. O máximo de uma onda é chamado **crista**, e o mínimo, **depressão**.

Comprimento de onda — Denomina-se comprimento de onda a distância entre duas cristas (ou duas depressões); em outras palavras é a distância percorrida pela onda durante um ciclo.

---

[14] Para efeito simplificado, em benefício da didática, não entraremos no complexo terreno da mecânica quântica.

Voltando à fig.1 o leitor poderá concluir que o comprimento de onda é uma importante característica das radiações. As ondas de TV, por exemplo, estão localizadas entre 0,1 e 500 metros.

Frequência — Entende-se por frequência o número de oscilações que a onda executa por segundo. A frequência é igualmente uma importante característica da radiação, tão significativa que as emissoras de rádio se identificam pela respectiva frequência de emissão, por exemplo: 620 khz (leia seiscentos e vinte quilohertz).

Sim, as unidades de frequência usuais são: ciclos por segundo e hertz (idênticas entre si, isto é, um ciclo por segundo é igual a um hertz).[15]

A denominação hertz deve-se ao físico alemão Heinrich Hertz que descobriu as radiações energéticas (ondas hertzianas).

Cores — Dentro do espectro visível, as radiações, de acordo com os respectivos comprimentos de onda, causam-nos sensações visuais distintas, dando origem ao que chamamos de cor. Exemplificando, lembramos que o vermelho é a onda mais longa (baixa frequência) e o violeta, a mais curta (alta frequência).

No campo físico da matéria ou da energia, nos dois planos, tudo tem forma, som e cor; e há uma escala vibracional característica de cada grupo de elementos afins.

---

[15] Uma vez que as ondas eletromagnéticas têm a mesma velocidade de propagação, se fixarmos o comprimento de onda resulta que a frequência fica determinada, em proporção inversa, ou seja, as ondas curtas têm frequência elevada e as ondas longas têm frequência baixa. Logo, para caracterizarmos uma radiação, basta nos referirmos à frequência ou ao comprimento de onda, indistintamente. Para maior compreensão do exposto basta lembrarmos que a velocidade de propagação é igual ao produto da frequência pelo comprimento de onda.

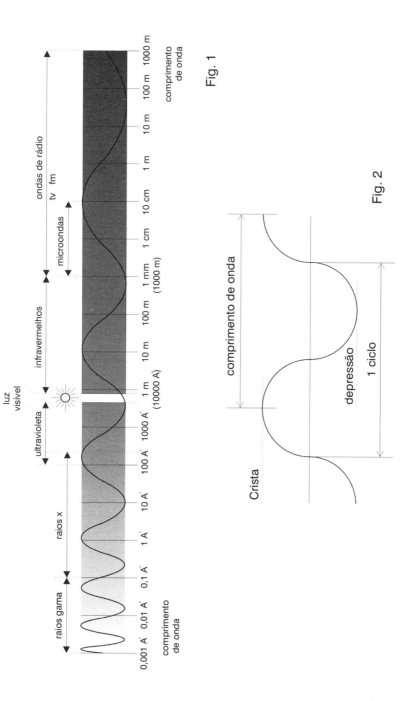

Em nosso plano material isso é perceptível aos nossos sentidos físicos e a escala oscila entre o infravermelho (ondas longas oriundas de fenômenos eletrônicos, situados nas camadas superficiais do átomo) e o ultravioleta (ondas curtas, camadas atômicas profundas).

2. Aplicação

Aplicadas às curas, as vibrações longas têm efeitos mais à superfície do campo operatório orgânico, com reações mais leves e as curtas mais na profundidade dos tecidos, no âmago, mesmo, da estrutura celular, com reações mais intrínsecas e intensas.

As cores possuem qualidades específicas e agem produzindo efeitos diferenciados, como sejam: calmantes, repousantes, apaziguadores, refrescantes ou, ao contrário, excitantes, irritantes, gerando bem ou mal-estar, beneficiando ou maleficiando os doentes, aumentando ou diminuindo emoções ou desequilíbrios, provocando alterações fisiológicas e psíquicas.

Cada cor possui uma vibração própria: o vermelho, com baixa frequência (aproximadamente 345 trilhões de ciclos por segundo), o verde, correspondendo a aproximadamente 570 trilhões, o azul, a 620 trilhões e o violeta, a 750 trilhões.

3. Efeitos

Os efeitos das vibrações afetam os nossos sentidos físicos de forma diferente, produzindo sensações distintas.

Olhando-se a paisagem do alto de uma elevação, vemos que há regiões mais claras e mais escuras, mais alegres e mais tristes, mais atrativas e mais repulsivas.

Uma planície cinzenta demonstra a vibração inferior que possui e que produz em nós uma sensação de tristeza, desânimo, depressão, sentimentos afins com a vibração inferior. Um campo de relva avermelhada dá impressão de coisa violenta, hostil, agressiva, porque a cor vermelha tem essas características.

Se a paisagem mostra um plano de luz rosada, então nos sentimos bem, porque essa cor caracteriza o sentimento do amor.

Os sentimentos de paz e de amor são padrões aferentes das cores, porque são sentimentos próprios da alma humana bem formada e evoluída. As distorções ferem a nossa sensibilidade; se não o fizerem é porque, então, ainda não vibramos em escala psíquica superior.

Estabelecida a sintonia da cor por esse padrão, poderemos então afirmar que essa cor é considerada mais perfeita e mais aproximada da harmonia universal da criação divina.

4. Conclusão

Nos atendimentos espirituais, essa sintonização é absolutamente necessária para que haja, da parte do doente, maior capacidade receptiva física ou psíquica.

Com a mão que dá o passe ou faz a corrente, vai a onda colorida levando as virtudes curativas que operam as mutações desejadas para o restabelecimento orgânico.

Por isso a aplicação da cor deve ser feita segundo a natureza da perturbação e os efeitos que se deseja obter.

Este é, portanto, um princípio a respeitar: operador e doente vibrando num mesmo tom, e aplicação da cor correspondendo a essa vibração.

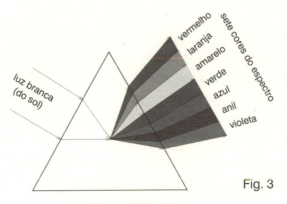

Fig. 3

Prisma de Cristal
(decomposição da cor)

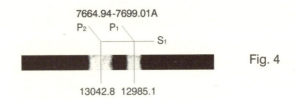

Fig. 4

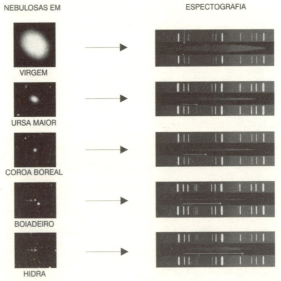

Fig. 5

5. A Natureza da Luz

A origem da luz natural para nós é o Sol, cujos raios vibram no espaço (oceano de fluido primordial) e fazem-no fulgir.

A emissão luminosa é resultante de saltos de elétrons entre as suas órbitas, e a cor é dependente da extensão do salto.

A luz do Sol (branca) contém em si mesma sete cores, que se revelam quando incidida sobre um prisma de cristal. Ali ela se decompõe e se projeta sobre uma tela onde se identificam na seguinte ordem: vermelho, alaranjado, amarelo, verde, azul, anil e violeta. (Ver fig. 3)

O mesmo sucede na água: após a chuva, os raios solares, incidindo sobre as inumeráveis gotículas que ficam suspensas na atmosfera, refratam-se, formando no ar o fenômeno luminoso do arco-íris onde as cores se mostram na mesma disposição acima descrita.

A Terra, na sua criação, destacou-se do Sol do qual possui constituição geológica semelhante; por outro lado os corpos, sem exceção, quando em estado incandescente, revelam uma emanação áurica que se chama espectro e que rigorosamente os identificam no seu substrato orgânico. Na fig. 4 encontramos um exemplo de espectros de emissão do potássio.

As sete cores da luz do Sol formam o espectro solar que é a emanação global de sua constituição íntima mineral. A fig. 5 nos traz um exemplo de espectrografia aplicado à astronomia, onde podemos observar o espectro de estrelas com luminosidade moderada.[16]

---

[16] Atualmente, a espectrografia é amplamente usada na metalurgia e na astronomia.

As cores só se revelam quando existe luz incidindo sobre formas densas. Por exemplo: objeto amarelo é aquele que reflete a cor amarela do espectro e absorve todas as demais; branco é aquele que reflete todas as cores juntas; preto quando não reflete nenhuma, há absorção total.

E, assim como os raios do Sol, de cor branca, neutra, contêm em si mesmos todas as cores fundidas, formando o seu espectro, assim também todos os raios, energias e fluidos do mundo espiritual têm também suas cores, formando espectros que refletem sua constituição íntima.

Por outro lado, como cada cor tem características e qualidades exclusivas, devem ser utilizadas segundo os efeitos que se tem em vista obter.

II
Classificação das Cores

1. Introdução

Para acompanhar este capítulo o leitor deverá consultar as figuras na orelha da 4ª capa deste livro. E, antes de entrarmos na matéria propriamente dita, vamos apresentar alguns conceitos importantes.

Cores Primárias — As cores primárias são as seguintes: vermelho, verde e violeta[17]. Todas as demais são resultantes destas três cores, em combinações variadas. As três cores primárias, quando fundidas, resultam no branco. (Ver fig. "Síntese Aditiva das Cores")

Cores Complementares — São os pares de cores que, quando combinadas, também resultam no branco. Na figura "Triângulo das Cores" as complementares se encontram opostas entre si. Por exemplo: amarelo e violeta, vermelho e azul, verde e magenta. Cada uma das cores é uma mistura das suas adjacentes (o amarelo é fruto da combinação do verde com o vermelho, e assim por diante).

---

[17] Atualmente conhecidas pelas siglas RGB (Red, Green, Blue), conceito utilizado em iluminação e vídeo. Já, no conceito da síntese subtrativa das cores (utilizado para as cores sólidas ou pigmentos), as cores primárias são: Azul Ciano, Magenta e Amarelo — ou CMY (Cyan, Magent, Yellow). A mistura dessas três cores resulta no preto. (Nota da Editora)

Além disso, pode-se verificar que a mistura dessas cores, em proporções convenientes, formam outras gamas variadas, como as seguintes:

vermelho: veneza, fogo, escarlate, carmim, grená, bordô, etc.
azul: cobalto, celeste, ultramar, cinza, turquesa, etc.
amarelo: limão, laranja, ocre, cromo, canário, ouro, ovo, etc.
verde: primavera, esmeralda, jade, cromo, cinza, verde garrafa, samambaia, etc.
violeta: cobalto, magenta, castanho, etc.

Muitas outras cores poderiam ainda ser aqui assinaladas a título de demonstração.[18]

2. Combinação das Cores

As cores combinadas entre si apresentam variadas gamas de sub-cores, que permitem a construção de uma segunda escala, muito mais ampla, que se desdobra para cima e para baixo da cor primária. (Ver fig. "Combinação de Cores e Sub-Cores")

Assim, o azul, subindo para as gamas mais delicadas, pode ser azul claro, azul celeste, etc. e descendo para as gamas mais baixas, pode ser azul escuro, azul marinho, etc.

O verde, subindo, pode ser verde-claro, verde-malva e, descendo, verde-folha, verde-garrafa, verde-escuro, etc.

A partir das cores do espectro, subindo, as gamas apresentam pureza, delicadeza, suavidade, diafaneidade e, descendo, escuridade, agressividade, grosseria, produzindo, em ambos os casos, reações correspondentes às

---

[18] A vista humana pode diferenciar cerca de 10.000 tonalidades de cores e cerca de uma centena de grises entre o preto e o branco. (Nota da Editora)

suas características próprias, nos organismos sobre os quais incidem.[19]

Elas descem quando se mesclam com cores negativas. Assim, o branco, neutro, alegre, mesclando-se com o preto (negativo) desce para as gamas chumbo, cinza-escuro, cinza, que com o verde e o azul formam o grupo das **cores frias**.

O vermelho, quente, violento, excitante, mesclando-se com o amarelo sobe, formando as gamas do alaranjado; e mesclando-se com o branco, neutro, produz o rosado, cor benévola, simbolizando o amor e a vitalidade.

Do ponto de vista espiritual, o verde, de grande predominância na Terra por ser a cor do mundo vegetal, quando se mescla com o preto ou vermelho, materializa-se, ficando negativa; mas ganha intensa expressão espiritual quando se funde com o branco, ou com as gamas do amarelo, cor mental por excelência.

O azul, que representa o infinito dos céus, dá colorido às massas de água e à atmosfera; no campo espiritual indica misticismo, religiosidade, porém, mesclando-se com o preto,

---

[19] O ponto inicial da síntese aditiva das cores é o preto, assim como o seu ponto final é o branco. Ambas são consideradas cores neutras por serem a antítese do espectro.
O branco representa, fisicamente, as oscilações eletromagnéticas da luz visível (síntese de todas as cores). Espiritualmente, representa a paz, a harmonia, a positividade, o estado de equilíbrio.
O preto representa, fisicamente, a não existência de oscilações eletromagnéticas visíveis, ou seja a negação da cor e da luz. Espiritualmente, representa a escuridão, o medo, a negatividade e o estado de desequilíbrio.
Das cores do espectro (ver Fig. 1), as tonalidades que vão do amarelo ao vermelho são consideradas quentes (de efeito estimulante). As tonalidades que vão do azul ao violeta são consideradas frias (de efeito refrescante).
O verde, cor intermediária entre frias e quentes, é considerada uma cor morna (calmante, balsamizante). (Nota da Editora)

ou o cinza, ou ainda com o agressivo vermelho, materializa-se também, passando a indicar paixões, ciúmes, fanatismo.

O amarelo, cor nobre, mesclando-se com gamas inferiores, passa a significações maléficas deliberadas, que caracterizam os trabalhos de cunho inferior de magia negra e de terreiro.

3. Complementação

Além das cores já citadas, há inúmeras outras no mundo cósmico, raios e ondas não-perceptíveis aos nossos sentidos físicos, assim como também outras, no plano astral que nos rodeia, e que a vidência surpreende e não consegue descrever por falta de elementos comparativos, limitando-se a ligeiras indicações.

Há ainda neste capítulo, modificações das cores por efeito de desbotamento, que nada mais representam além de interferências vibratórias de umas sobre as outras, desaparecendo aquelas de vibrações mais baixas; como também interferências de raios e ondas, principalmente oriundas da luz do Sol.

III
Propriedades das Cores

1. Introdução

É preciso respeitar as características e as especializações das cores, porque seu emprego empírico, indiscriminado, produz resultados até contraproducentes, com prejuízo dos atendimentos e malefício para os necessitados deles.

Essas cores, em nosso plano denso, criam disposições emotivas na arte, na religião e no psiquismo individual; e como são também energias concentradas, podem agir sobre as células orgânicas, provocando alterações boas ou más.

2. O Branco

O branco é alegre; o preto é fúnebre.

Cor alegre, síntese de todas as demais, é característica de altas hierarquias espirituais, com raras intervenções nos mundos baixos.

O prateado e o dourado são também cores nobres, de expressão elevada, que não devem ser utilizadas nos trabalhos comuns de atendimentos individuais, ou em correntes de cura, porque não se pode dar o que não se possui. Os Espíritos Superiores que possuem tais recursos, não intervêm, a não ser em casos especiais, em nossos trabalhos de rotina, nos quais se aplicam normalmente recursos de menor expressão.

3. O Verde

Enquanto o verde claro é anti-séptico, sedativo e repousante, o escuro é francamente energético.

4. O Azul

O azul-claro é repousante; o escuro é excitante, coagulante, estimula e pressiona.

O azul-mar é tranquilizante, com energias potenciais que agem no fundo do metabolismo celular. Nas crises, é mais rápido nos efeitos e atua mais longamente, tendo aplicações nas hemorragias.

5. O Cinza

É opressor, produzindo sensação de solidão, isolamento, e impede o recebimento de boas impressões; é elástico e rebelde nos envolvimentos, exigindo reações firmes do doente para libertar-se. Nos envolvimentos muito fortes torna os doentes insensíveis aos tratamentos; deve ser neutralizado com o branco.

6. O Vermelho

O vermelho-forte representa dinamismo, atração e repulsa ao mesmo tempo; abafa, é irritante e agressivo; construtivo, multiplicador de energias; corrosivo, destrói células e, por isso é faca de dois gumes; deixa resíduos irritantes, que devem ser eliminados após aplicações. Adequado ao tratamento de fraquezas, anemias e depressões físicas.

O vermelho-claro é aplicado em perturbações menos intensas como: cauterizações de tecidos, cicatrizações de feridas e cortes.

O rosa representa harmonia, amor, tranquilidade. Estímulo a funções cardíacas e glandulares.

7. O Amarelo

O amarelo-forte é estimulante mental, também específico para lesões oculares, bandagem e colírios. Reativa energias, é reconstituinte celular em doenças crônicas e anemias.

8. Violeta

Bactericida, higienização de feridas e infecções, aumento de glóbulos vermelhos.

9. Púrpura

Cor depressiva, agressiva, irritante.

IV
As Cores na Aura Humana

1. A Aura

Nos trabalhos de cura espiritual, os videntes são chamados a proceder a exames espirituais para determinação de perturbações físicas e psíquicas; isso impõe a necessidade de conhecimentos mais detalhados do perispírito, do qual a Aura é uma espécie de espelho exterior.

Para o estudo das Auras convém fixar os seguintes detalhes importantes: além da superfície do corpo físico, pode ser vista uma espécie de névoa leitosa, emanação dele, que se chama corpo etéreo ou duplo etéreo e, sobrepondo-se a este, outro elemento, emanação do perispírito, denominado Aura, o primeiro, aproximadamente com a forma humana, e o último com forma oval e cuja superfície exterior funciona como se fora uma película envolvente do conjunto.

Os pensamentos vêm do espírito, através da mente, para o cérebro físico, enquanto os sentimentos, as emoções, e tudo o quanto for do campo moral, vem do perispírito e se reflete diretamente na Aura e nessa película, na forma de imagens, como na televisão em cores. Mas os videntes podem também ver diretamente no perispírito, que é molde do corpo físico, a estrutura orgânica deste, utilizando preferentemente a psicometria.

As Auras se compõem:

1) De um campo estável, fundamental, indicativo do caráter da pessoa e de seu grau de espiritualidade.

2) De faixas ondulantes, que revelam as reações do Espírito encarnado às inúmeras circunstâncias da vida exterior.

3) De estrias, que são cintilações, radiações que indicam impulsos momentâneos, de caráter passageiro, na vida de relações do Espírito.

Nos exames por vidência ou psicometria, como o perispírito muda de aspecto e de coloração a cada pensamento, desejo ou emoção do Espírito, é natural que videntes menos experimentados possam enganar-se na identificação e interpretação do que ocorre nesse campo.

Mas as falhas podem ser reduzidas, tendo em vista que os pensamentos, desejos e emoções serão vistos na Aura, não na parte estável, mas na flutuante, movediça, em forma de ondulações, estrias ou radiações e, quanto aos desejos propriamente ditos, estes podem ser observados na parte fixa, estável, quando se tornam permanentes na mente; porém, nestes casos, serão vistos não integrando o fundo estável colorido, mas isoladamente, como manchas ocupando áreas diminutas do conjunto.

Uma forte vibração espiritual (uma prece, por exemplo) será vista na Aura, na coloração ouro-pálido; um sentimento de amor imaterial cobrirá a Aura de um rosado-claro; um desejo forte de elevação espiritual a tingirá de azul-claro; a tristeza, o abatimento, o desânimo, o temor, serão vistos em violeta, cinza, marrom, segundo a intensidade do sentimento ou da emoção: os pensamentos de rancor, ódio, violência, vingança, produzem colorações vermelho-vivo, roxo, negro, tudo sob a forma já exposta de ondulações, estrias ou raios e fulgurações passageiras e fugazes.

O campo, as faixas e as estrias se atraem e se repelem segundo afinidades vibracionais; no caso citado da prece, o aspecto geral é pacífico, harmonioso e exerce boa influência no meio exterior; no segundo, o da violência, ao contrário, há confusão, tumulto, tanto para a própria pessoa, como para com as quais ela entra em contato.

As ideias, pensamentos e vibrações de baixo teor, produzem na Aura ondulações e estrias sujas, escuras, de cores negativas, enquanto vibrações e pensamentos elevados resultam em efeitos brilhantes e límpidos. Em um campo áurico pacífico, azulado-claro, por exemplo, um sentimento súbito de medo lança uma ondulação escura, que rapidamente cobre todo o fundo estável do perispírito.

O exame das cores fundamentais, ondulações e estrias permite, como já dissemos, o conhecimento relativo do caráter, dos pensamentos, dos sentimentos, da saúde física e das condições espirituais das pessoas, tendo-se sempre em vista que as Auras mudam com os estados de espírito do momento, porém as cores de fundo somente sofrem alterações momentâneas, voltando logo à situação normal predominante.

Como as variações ocorridas na área do Espírito alteram a todo instante os aspectos e valores reais, é muito delicado o trabalho da vidência, com o agravante de que tais aspectos são vistos através das próprias Auras dos videntes, o que também pode alterar de certo modo as realidades.

Nas Auras, repetimos, refletem-se as condições peculiares do Espírito e do corpo orgânico, mostrando deste a saúde, as doenças, o tônus energético e, daquele, o caráter, os pensamentos, os sentimentos, as virtudes e os defeitos morais.

Nas moléstias graves, a Aura se desvanece na parte espiritual e se reduz muito na etérea que, então, mal se deixa ver sobre a superfície do corpo orgânico.

No desencarne, a Aura segue o perispírito, porque é uma emanação deste, enquanto o duplo etéreo permanece ainda algum tempo com o corpo físico, do qual é também uma emanação e enquanto dura a desagregação molecular, no túmulo ou na pira.

2. Significação das Cores nas Auras

O vermelho, cor quente, violenta, excitante: quando limpo, indica saúde e força, capacidade condutora, realizadora; quando claro, com os bordos amarelos, indica sentimentos de amor ao próximo; escuro, sobre os órgãos, indica moléstias ou perturbações; tendendo para o escarlate, indica nervosidade e, quanto mais brilhante for a cor, mais inquieta e instável é a pessoa; opaco, com manchas escuras no local dos órgãos e às vezes laivos arroxeados ou filamentos em várias direções, indica afecção maligna.

Índigo ou violeta, estável e assíduo na Aura, indica predisposição para moléstias do aparelho digestivo.

Alaranjado-escuro indica enfermidade dos rins; com estrias cinzentas indica cálculos renais.

As tonalidades da cor cinza são sempre negativas e, quando assíduas, indicam debilidade de caráter e de saúde; sobre um órgão, indicam moléstia nesse órgão.

Na Aura dos médiuns interferem outros elementos como sejam: fluidos, vibrações, radiações, captados espontaneamente ou projetados por outros, bem como imagens ideoplásticas refletidas de ambientes ou projetadas por instrutores espirituais; ou outros muitos, que são facilmente absorvidos pela sensibilidade mediúnica.

Por isso, nos trabalhos de desenvolvimento mediúnico, é necessário limpar previamente o campo (corpo físico, perispírito e mente) para se obter resultados fiéis.

Os videntes, mormente os já bem sintonizados com o Plano Espiritual, geralmente se perdem na trama das imagens, das cores e dos símbolos que circulam pelo ambiente e afluem nas Auras das pessoas a examinar, vindos de todos os lados, às vezes em franca confusão. A solução é, como dissemos, limpar previamente o campo.

V
Efeitos das Cores nas Curas

1. Ação das Cores

Como vimos, as cores têm aspectos diferentes e produzem efeitos diferentes: belezas que aos olhos encantam ou entristecem, efeitos desagradáveis ou agradáveis no corpo físico, por afinidades ou emoções mais ou menos profundas nas almas sensíveis, que valem como energias fortes, como a eletricidade, e tanto podem ser utilizadas no sentido construtivo como destrutivo.

Agem primeiramente no perispírito e daí refletem-se no corpo denso, com maior ou menor rapidez, conforme a sensibilidade individual.

Há uma gradação de poderes e de efeitos em cada cor e, as de vibração mais alta, produzem efeitos de maior intensidade, profundidade e pureza.

As cores visíveis como as do espectro solar, produzem efeitos menos elevados e perfeitos que as invisíveis, que são os raios cósmicos conhecidos por vários nomes, como entre outros: luz ódica, raios ódicos, prana, força vital, etc.

O poder das cores varia: do mais alto teor vibratório, para o infinito e, do mais baixo, para o mundo da matéria bruta.

Assim como no físico, as cores, no psíquico, produzem reações específicas. Nas células orgânicas, agem produzindo alterações fisiológicas: interpenetrando a trama celular, os raios coloridos alteram o ritmo funcional intrínseco, em si mesmo e nas relações com os elementos vizinhos, dentro do conjunto funcional orgânico.

Quando a célula, por qualquer circunstância, perde a sintonia funcional com o conjunto, adoece, mas a incidência de raios coloridos sobre ela forçam-na a retomar o ritmo habitual, reconduzindo-a ao teor vibratório que lhe era próprio, quando sã.

Assim como as células, os conjuntos celulares, órgãos ou tecidos, possuem coloração, tonalidade e vibração específica.

No caso de moléstias, esses agrupamentos demonstram logo alterações mais ou menos profundas, com reflexos imediatos nos agrupamentos vizinhos ou correspondentes.

A aplicação de raios coloridos sobre eles, da mesma forma obriga-os a retomar a vibração que lhes era própria porque injetam, por assim dizer, na área do agrupamento, um fluxo vibratório contínuo, semelhante àquele próprio das células componentes do agrupamento quando sadias.

Se isso ocorre na área física, na perispiritual os desajustes e as reações são ainda mais intensos, por se tratar do campo natural e afim da movimentação dos agentes fluídicos.

Realmente, a partir das Auras, que ostentam cores as mais variadas, vemos como os centros de força se apresentam como turbilhões de energias, movimentando-se em vários sentidos, recebendo e transmitindo em cores diferentes, segundo as finalidades que lhe são próprias.

Sobre a estrutura perispiritual circulam, ao mesmo tempo, vibrações e raios vindos do exterior; produtos mentais e elementos fluídicos e vibratórios oriundos do campo interno, todos interferindo na trama psíquica e projetando-se no corpo físico, alterando momentaneamente seus aspectos, o mesmo ocorrendo com os sentimentos, que são produtos mais viscerais da intimidade do Espírito.

Sem penetrar mais fundo, e somente para exemplificar, acrescentamos que as aplicações de cores dependem também da natureza da perturbação e dos fins que se têm em vista, dos efeitos que se visam obter, seja diretamente no campo material, seja no espiritual: sanar simplesmente uma perturbação, por exemplo, ou estabelecer harmonia entre agressores e vítimas.

As cores possuem uma vibração mais alta e dinâmica que as da matéria comum e se formam de uma condensação de energia, possuindo maior capacidade de penetração nos tecidos sobre os quais incidem. Por isso, na maioria dos casos, as aplicações devem ser da mesma cor do agregado molecular sobre o qual recaem.

Segundo um renomado instrutor, as cores estimulam o metabolismo etéreo, astral ou mental; astral no campo dos desejos e das paixões e mental no da inteligência.

2. Efeitos nas Curas

Passemos agora a generalizações sobre efeitos nas curas.

A cor, em si mesma, não é elemento decisivo para as curas, mas completa e reforça o emprego de outros recursos menos delicados.

Os fluidos magnéticos, por exemplo, como quaisquer outras energias, possuem cores próprias, mas sempre estão impregnados das condições psicofísicas dos doadores: o conhecimento das cores pelos dirigentes de trabalhos e de sua aplicação judiciosa, aumenta o teor dos bons resultados porque a orientação certa e exata enriquece, por assim dizer, a potência do fluxo fluídico do doador, principalmente quando é necessário agir em órgãos internos, que exigem fluxos mais penetrantes e específicos.

Nestas aplicações, a mente dos cooperadores exerce ação decisiva, não só para verter o fluido na corrente de base, como para canalizá-la para os doentes, conduzindo o fluxo ao ponto certo da aplicação e, ainda para fazê-lo penetrar nas células, produzindo os resultados esperados.

A estes cuidados e condições operacionais, que exigem prática e atilamento dos dirigentes, quase sempre acresce a interferência dos Benfeitores Espirituais, que suprem falhas e reforçam as perspectivas de sucesso do tratamento.

3. Caracterização das Cores

A matéria é energia condensada a determinada frequência vibratória e, como no Cosmo toda vibração é colorida e sonora, a matéria conserva essas qualidades na forma, na vibração, na cor e no som.

As cores têm essência e raízes etéreas; têm vibração própria e transmitem essa vibração em forma de movimento ou emoção. São uma realidade que preexiste, vibrante e viva, no éter cósmico.

As cores que vemos não são as mesmas que existem no mundo etéreo, porque sofrem inúmeras interferências e distorções ao transitarem pela nossa atmosfera; no mundo etéreo, cor e luz se confundem.

Elas se caracterizam por frequências e sonoridades diferentes: as tonalidades claras de frequência mais rápida, são positivas e elevadas e as escuras, mais lentas e negativas; e dentro de uma mesma tonalidade ainda se notam variações de umas gamas para outras.

Também é certo que as frequências mais baixas são interpenetradas pelas mais altas e rápidas, que as neutralizam, modificando-lhes o teor próprio; e por isso mesmo é que curam.

E, como todos os seres têm Auras próprias (já estudadas), e Aura nada mais é que o prolongamento natural de seus campos magnéticos vitais, projetando-se uma faixa de ondulações coloridas sobre um organismo vivo, atingiremos primeiramente sua Aura, produzindo alterações locais que logo se refletem no perispírito e deste se projetam sobre a forma densa.

A natureza intrínseca das cores pode, da mesma forma, ser alterada: o vermelho-puro é excitante, benéfico, mas sofrendo interferências inferiores, negativas (cargas escuras, por exemplo), torna-se sujo, oleoso, de efeitos maléficos; mas interferindo sobre a resultante com ondulações claras e positivas, neutralizaremos os maus efeitos e levaremos a cor primitiva à sua condição normal.

4. Mecanismo da Cromoterapia

Ocioso é dizer que o efeito de assimilação da cor se dá no perispírito, mesmo quando a projeção seja feita diretamente no corpo físico; e do perispírito é que se transferem para este através dos centros de força, e dos plexos do sistema nervoso.

Se pintarmos a parede de uma sala de cor vermelho-vivo, o ambiente se tornará mais aquecido e, psiquicamente, produzirá efeitos excitantes: mas, se a cor for azul ou verdes-claros, os efeitos serão repousantes; se as cores forem escuras, negativas, certamente que os efeitos psíquicos serão da mesma espécie e condição, ficando o ambiente repulsivo e depressivo.

Figuremos o caso de um doente de anemia: aplicando sobre sua coluna vertebral projeções de vermelho-vivo, forte, a Aura, influenciada em primeiro lugar, levará o estímulo da cor ao perispírito, de onde a vibração dinamizada se transferirá à medula espinhal do corpo orgânico, que será, a seu turno, estimulada na produção de glóbulos vermelhos que tornarão o sangue mais rico de energia e colorido.

Este é um aspecto científico do problema porque, se a medicina introduz no organismo físico um agente químico que produz determinado efeito na área das células, a cromoterapia obtém efeitos semelhantes, provocando alterações vibratórias no campo celular, e no campo psíquico, como também provoca alterações no perispírito, por exemplo, dos sofredores e obsessores, facilitando o trabalho das doutrinações e dos afastamentos.

5. A Cromoterapia — Aplicações Práticas

Neste particular examinemos um caso de exaltação nervosa, provocada por Espíritos desencarnados: a projeção de azul ou verde no bulbo e na coluna, onde se localizam as raízes nervosas dos sistemas central e vegetativo, reduzirão a frequência nervosa dos conjuntos celulares atingidos, sobrevindo calma e serenidade.

Quando a perturbação é conhecida, (uma insuficiência hepática, por exemplo), o problema se resume em determinar a cor a empregar; quando é indefinida, mas localizada, (uma dor de cabeça, por exemplo), a aplicação deve ser sintomática e local até se poder determinar a origem do mal.

Em casos obscuros pode-se também utilizar a vidência e a consulta a um benfeitor espiritual, pela incorporação ou telepatia, fazendo as aplicações. Em seguida em havendo dificuldades em determinar a causa ou o órgão doente diretamente no corpo orgânico, o exame do perispírito resolve a dificuldade, por lá estarem as matrizes de todos os órgãos; e a parte doente será logo salientada.

Nestes dois casos, tanto no perispírito como no corpo orgânico, as áreas afetadas se mostram escurecidas; em ambos, as aplicações devem ser feitas em cores opostas e positivas, cuja frequência mais elevada decanta a saturação intrusa, eliminando, assim, a perturbação.

Estes são exemplos de remoção de substâncias mórbidas do perispírito ou do corpo físico, decantando-se-as por aceleração de frequência vibratória.

6. A Técnica de Aplicação

As aplicações devem ser feitas de maneira adequada, pelo tempo devido e de forma prudente, porque os excessos produzem resultados maléficos como, aliás, pode-se ver com os efeitos do próprio Sol, que em excesso, queima e pode até mesmo matar por insolação.

Nas obsessões, conhecida sua origem, (resgates, vinganças, etc.) e identificada a entidade agressora, a aplicação deve ser de cores opostas, contrárias, (suaves, harmoniosas) para facilitar o desligamento, com projeções diretas para o coração do agente agressor.

O mesmo ocorre com os centros de força, que são também pontos de eleição para os ataques desses agentes: o Básico, na região sacra, é preferido pelos obsessores que visam desviar o curso normal das energias primárias, alimentadoras do metabolismo perispiritual; projeções energéticas, azuis e verdes-claras, restabelecem o equilíbrio.

Quando o ataque é sobre o Cardíaco, é necessário observar as reações desencadeadas na circulação, para acalmar ou estimular, segundo o caso.

Quando no Coronário, agir com projeções amarelas e azuis, cores nobres, que elevam o Espírito aos planos superiores, facilitando a comunhão e as ligações com esses planos.

Numa corrente de cura, as vibrações individuais se somam formando um potencial, de inegável poder, porque a vibração da cor é muito mais elevada que a da célula; esse potencial, projetado pelos médiuns sobre órgãos e tecidos doentes no campo perispiritual, produz efeitos positivos, seja obrigando as células a retomarem o ritmo funcional normal (quando a moléstia for simplesmente funcional), seja destruindo agentes intrusos, maléficos, causadores de distúrbios.

As vibrações dos conjuntos celulares nem sempre podem ser iguais às cores correspondentes e basta que consigam entrosar-se, associar-se à vibração delas, para atingir as células em sua profundidade; mas deve-se agir visando conduzi-las ao estado anterior quando sãs. Saturando a área com essa vibração positiva, domina-se o campo vibratório irregular e impõe-se o regresso a essa situação anterior, restabelecendo-se a normalidade e o equilíbrio.

VI
Aplicações Práticas

1. Perturbações Materiais

Utilizando unicamente as mãos, vamos demonstrar o trabalho prático em casos materiais. Fundo ambiental azul-claro.

1.1) Doente com depressão psiconervosa, ideias de suicídio, por abandono do lar pelo cônjuge.

    a) Passe de limpeza padronizado.

    b) Reativação dos centros de força para energizar o perispírito.

    c) Tratamento magnético, tipo P-1, para normalizar os circuitos orgânicos e perispirituais.

    d) Aplicação de fluidos róseos na região precordial e, logo em seguida, amarelo-claro, para eliminar as vibrações negativas de mágoa, tristeza e vitalizar o coração: mão direita no solar e esquerda no coração.

    e) Fluidos verde-escuros para vitalizar a coluna vertebral, reativar as raízes nervosas do sistema central: mão esquerda no bulbo e direita descendo lentamente, vértebra por vértebra, até o sacro.

    f) Fluido amarelo-forte no frontal e no tronco cerebral, visando também a área mental: esquerda no frontal e direita deslizando lentamente até o cerebelo.

g) Passes longitudinais de grande corrente[20], para normalizar os circuitos internos.

Mínimo de quatro atendimentos.

1.2) Depressão por anemia, perda de forças, emagrecimento e desânimo.

    a) Passe de limpeza padronizado.

    b) Reativação dos centros de força, sobretudo o esplênico, para acelerar o recebimento de energias cósmicas.

    c) Fluidos vermelhos para a coluna vertebral e, em seguida, verde-esmeralda para estimular a produção de glóbulos vermelhos.

    d) Passes longitudinais de grande corrente.

2. Perturbações Espirituais

2.1) Obsessão de primeiro grau: encosto de Espírito familiar.

    a) Passe de limpeza padronizado.

    b) Reativação dos centros de força.

    c) Fluido amarelo a partir do bulbo descendo até o Básico.

    d) Fluido laranja do bulbo até o Solar.

    e) Ao mesmo tempo, apelos verbais dirigidos ao Espírito visando o afastamento.

    f) Passes longitudinais de grande corrente.

Quatro atendimentos.

2.2) Obsessão de 3.º grau, com vampirismo sexual.

    a) Passe de limpeza padronizado.

    b) Reativação dos centros de força.

---

[20] Ver cap. 10 do livro Passes e Radiações do mesmo autor. (Nota da Editora)

c) Fluido amarelo-forte para a mente do doente.

d) Fluido violeta para o genético do doente e, em seguida, azul-claro na coluna vertebral para acalmia do sistema nervoso central.

e) Apelo verbal ao obsessor visando o afastamento.

f) Doação geral verde-claro com passes longitudinais.

Quatro atendimentos e, não havendo resultados positivos, encaminhar o doente ao Choque Anímico.

3. Atendimentos com Projetores Coloridos[21]

Utilizar um projetor cilíndrico, semelhante a uma lanterna portátil, de 6 a 7 centímetros de diâmetro, com encaixe para lâmpadas coloridas, ou filtros.

Os doentes devem deitar e relaxar o corpo, ou no mínimo, recostar-se em poltronas, em ângulo de 45 graus.

A projeção pode ser feita rente à pele, ou afastada a maior ou menor distância, segundo a gravidade do caso e resistência do doente; ter-se em vista obter a maior penetração possível dos raios coloridos nos órgãos ou tecidos.

Dividir a área a cobrir em várias partes, quando necessário, transitando com o projetor de um ponto para o outro até cobrir toda a área.

As aplicações devem ser diárias, se possível, quatro ou mais vezes, conforme os resultados obtidos com cinco minutos de demora da projeção em cada ponto a atender.

Nas mudanças de cor, fazer a troca da lâmpada em pontos limites entre áreas ou zonas diferentes.

Antes de iniciar as aplicações é necessário:

---

[21] Estes recursos de luz artificial não são praticados na Aliança Espírita Evangélica. (Nota da Editora)

a) Determinar a natureza da perturbação mediante exame espiritual ou diagnóstico médico.

b) No esquema do atendimento, incluir: ligações com órgãos vizinhos ou remotos, quando correspondentes; cores a utilizar; tempo da aplicação; número de aplicações; exames espirituais para controle de resultados.

3.1) Figuremos um caso de dores no fígado: sem diagnóstico médico, exame espiritual revelando inflamação e insuficiência biliar.

A inflamação, por si só, já elimina as cores quentes.

Aplicação de cor verde-clara na região do vazio do lado direito, logo abaixo da última costela; dividir a área, a começar pelo extremo direito, terminando na região mediana sobre o estômago.

Projeções de três a cinco minutos cada uma.

Trocar para o alaranjado, focando a luz no ponto que corresponda à vesícula, durante cinco minutos. Três aplicações por semana.

3.2) Doente com dores constantes no estômago.

O exame espiritual revelou manchas escuras e irritação da mucosa, com espasmos do órgão.

Projeção no terço inferior do estômago e duodeno, com verde-claro em primeiro lugar e depois com violeta, diretamente sobre o estômago. Quatro sessões diárias ao todo, cada uma de cinco minutos, a luz devendo banhar amplamente a mucosa do estômago.

3.3) Dores reumáticas nos joelhos, que se agravam com o frio. Isso já induz a aplicação de cores quentes (vermelha, laranja, amarelo).

Projeções diretas nos joelhos e, por extensão, nas pernas; cor alaranjada durante cinco minutos em cada perna; em seguida, azul-marinho, no mesmo local, para vitalização dos tecidos.

3.4) Dores sistemáticas no frontal sobre a raiz do nariz. O exame espiritual deve indicar a orientação em todos os casos.

Nestes casos, há sempre uma inflamação sinusial que exige tratamento médico específico, ou operações materiais.

As projeções devem ser com base em cores calmantes, anti-sépticas, como verde e azul-claro e os mesmos tons, mais escuros, para vitalizações.

3.5) Perturbação psíquica com depressão, angústia e fraqueza.

O exame espiritual confirmou a interferência de obsessores ativos que agem sobre o cérebro e o bulbo.

a) Aplicação geral. (Ver item 4, a seguir)

b) Encaminhar o doente para o currículo dos atendimentos espirituais específicos e sequentes: P-2, Choque Anímico e P-3b, se não houver afastamento com os dois anteriores.

4. Aplicação Geral

Para todos os casos fazer preliminarmente a *aplicação geral* como segue: projeções calmantes, verde e azul-claro a partir da cabeça, descendo sucessivamente pelo cerebelo, bulbo, coluna vertebral até o Básico, prosseguindo pelas pernas até os pés; neste ponto, mudar a cor para alaranjado-forte, em tempo mais demorado para aquecer; voltar ao bulbo e descer novamente no sentido do pneumogástrico até o plexo solar, para controlar o vegetativo.

Acionar depois os centros de força a começar do Coronário, descendo pelo Frontal, Laríngeo, Cardíaco, Gástrico e Genésico, com cores fundamentais vitalizantes azul-marinho, por exemplo, ou verde-garrafa[22] ou folha.

---

[22] O Conselho de Grupos Integrados da Aliança Espírita Evangélica, em 17/3/2002 estabeleceu consenso no sentido de evitar o nome para nuanças de cores, para facilitar o treinamento, a padronização e a mentalização das cores. (Nota da Editora)

Com estas aplicações, todo o campo energético fica ativado e o operador pode então passar a atender os casos específicos de cada doente, segundo o diagnóstico médico ou o exame espiritual.

5. Outros Exemplos

Figuremos novamente uma atonia intestinal crônica: projeções estimuladoras de verde-esmeralda sobre o plexo Gástrico (Solar) passando ao duodeno, ao intestino delgado até o cécum subindo pelo cólon ascendente, passando ao transverso e descendo até a alça sigmóide; mudar aí a cor para azul-escuro, rematando a projeção no reto.

Em se tratando, por exemplo, de insuficiência renal: usar as mesmas cores acima, diretamente sobre os rins, ureteres, bexiga e uretra, rematando com o verde-claro anti-séptico e calmante.

No caso de moléstias pulmonares (bronquite, por exemplo) projetar sobre os pulmões, a começar no ápice inferior, cores alaranjadas, subir ao superior, inundando de luz o interior do órgão, para ativar a função dos alvéolos e brônquios, prosseguindo pela traquéia até a laringe, podendo prosseguir pela faringe até os cornetos do nariz.

Em todos os casos de perturbações que afetam o coração e a circulação, utilizar cores do grupo rosa-claro ou queimado, segundo o caso, mas sempre com cuidados especiais na intensidade e na duração, devendo as aplicações ser breves (1 minuto ou pouco mais), mesmo em se tratando de perturbações exclusivamente espirituais; e a mesma recomendação valendo também para o cérebro, olhos e ouvidos e os atendimentos de crianças.

Nos males de coluna (desvios, exoesporose, atritos de vértebras, etc.) a duração não deve ser maior que três minutos para cada ponto visado, utilizando cores azul-escuro e verde com frequência, para as reconstruções de tecido conjuntivo e refazimento geral.

Em todos os casos, banhar bem amplamente as partes lesadas assim como as ligações com órgãos vizinhos. No caso do coração, por exemplo, saturar de luz as aurículas, as válvulas, os ventrículos, como as veias e artérias de ligação com órgãos dependentes, até que a circulação se apresente normal e desembaraçada.

No cérebro material, focalizar as partes mais importantes, como o tálamo, o hipotálamo, o centro cerebral, o cerebelo, o bulbo, banhando-as todas nas luzes nobres: dourada, prateada, branca[23]; e, na parte espiritual, projetar sobre todo o perispírito, visando de preferência a área Mental, a Frontal, o Centro Coronário, facilitando assim, o mais possível, as ligações com os Planos Espirituais.

6. Considerações Finais

Nos trabalhos práticos em geral e na utilização das cores, além das exemplificações feitas atrás e que servem de base para inúmeras modalidades e desdobramentos de aplicações, convém ainda ter em vista o seguinte:

6.1) Exercitar os médiuns e dirigentes nos mais diferentes casos que possam surgir, discutindo com eles e fazendo demonstrações práticas de cada caso e das aplicações adequadas.

6.2) Medir previamente, como já foi sugerido, a capacidade de doação de cada um deles e o conhecimento individual das qualidades e características de cada cor.

---

[23] Não obstante do que consta no capítulo III, onde o autor se refere às aplicações com as cores branco, dourado e prateado, este caso ilustra a projeção curativa especificamente voltada ao cérebro. (Nota da Editora)

6.3) Acompanhar pela vidência, a execução das doações, a receptividade dos doentes e o resultado das aplicações.

6.4) Utilizar, nos recintos de trabalho, um painel de luzes coloridas, para poder alterar sempre que necessário o fundo ambiental, jogo de cores esse que também pode ser utilizado nos trabalhos de passes e vibrações à distância.

Feixes de raios e ondulações coloridas, convenientemente utilizados, eis o recurso mais apropriado e capaz de operar a volta do organismo perispiritual à normalidade anterior quando afastado dela.

Este tratamento pelas cores é ainda assunto desprezado pela ciência oficial mas, brevemente, suas vantagens serão reconhecidas com os avançamentos do setor eletrônico.

7. Conclusão

Como está visto, o que consta desta exposição sobre cores nada mais representa que um conjunto de noções, regras e exemplificações, visando a criação de um sistema definido, sem contrapor-se à legislação do País, no setor da medicina, do que poderá resultar, no futuro, certamente o reconhecimento da cromoterapia como agente poderoso e eficiente do tratamento das doenças que afligem a humanidade.[24]

---

[24] A esse respeito é recomendável ler-se o Capítulo 33, "Cromoterapia e Ciência", do livro Verdades e Conceitos II, do mesmo autor, da Editora Aliança. (Nota da Editora)